中国商帮和区域产业文化

Zhongguo Shangbang he Quyu Chanye Wenhua

潘幼芳 李波 张婷婷 季珂南 李琳 编著

武汉理工大学出版社

图书在版编目(CIP)数据

中国商帮和区域产业文化：汉文、日文 / 潘幼芳等编著. —武汉：武汉理工大学出版社，2024.1

ISBN 978-7-5629-6874-0

Ⅰ. ①中… Ⅱ. ①潘… Ⅲ. ①商业史-研究-中国-汉、日 Ⅳ. ①F729

中国国家版本馆 CIP 数据核字(2023)第 179981 号

项目负责人：杨　涛
责 任 编 辑：刘　凯
责 任 校 对：张　晨
装 帧 设 计：艺欣纸语
出 版 发 行：武汉理工大学出版社
社　　　址：武汉市洪山区珞狮路 122 号
邮　　　编：430070
网　　　址：http://www.wutp.com.cn
经　销　者：各地新华书店
印　刷　者：武汉兴和彩色印务有限公司
开　　　本：710×1000　1/16
印　　　张：16.5
字　　　数：197 千字
版　　　次：2024 年 1 月第 1 版
印　　　次：2024 年 1 月第 1 次印刷
定　　　价：49.80 元

凡购本书，如有缺页、倒页、脱页等印装质量问题，请向出版社发行部调换。
本社购书热线电话：027-87391631　027-87523148　027-87165708（传真）

前　言

中国商帮在历史上是一个略带神秘色彩的商业组织。它们通常以本土亲缘为核心纽带，在各地设立方便聚会的特色商业会馆，历史悠久、贡献卓越。它们历经日积月累的艰辛奋斗，终于厚积薄发，形成了辉煌灿烂、各具特色与风格的商帮文化，为各个时代的经济发展立下了汗马功劳，在历史的滚滚洪流中，留下了许多可歌可泣的传说故事。

经过改革开放40多年的发展，中国商帮呈现出前所未有的新面貌。本书以传统商帮（晋商、徽商、粤商、秦商、鲁商等）文化为基础内容，总结了各商帮的发展轨迹和成就，并在此基础上加编了现阶段迅猛发展的新商帮（浙商、苏商、闽商、新商等）的发展模式和商业特征。我们将本书做成中日双语版，是希望更多的国内外商务学习者、从业者和研究者能了解中国优秀的商帮文化，从而为促进国际商务文化交流、融合尽一份绵薄之力。相信商务日语学习者在学习日语知识的同时，也能够提升对商帮文化的理解能力。

在此，衷心感谢上海对外经贸大学各级领导和教师的大力支持，感谢日籍老师田口佳子的翻译校对。如本书有错误或不妥之处，恳请专家和读者予以批评指正。

编著者

2023年10月

目　录

第一章 粤 商

一、区域简介

广东省位于南岭山脉南侧，与香港、澳门毗邻。根据第三次全国国土调查统计数据，广东省土地总面积为 17.98 万平方千米，海岸线长 4114.3 千米，为中国之最。山地、丘陵占三分之二，平地占三分之一。华南最大的河流珠江是西江、北江、东江的总称，先进、肥沃的珠江三角洲就在河口的交汇处。

有许多活跃在世界各地的华侨和华人祖籍为广东，又是中国最早施行改革开放政策的地区之一。1979 年后，深圳、珠海、汕头等经济特区以及广州、佛山、惠州、珠海等国家级高新技术产业开发区相继成立。特别是珠江三角洲地区依托加工贸易迅速发展起来。加工贸易成为广东省三大支柱产业之一，同时，广东省在汽车、电子信息产业等领域也取得了可喜的成果。

二、粤商文化及代表人物

纵观历史，广东因地理位置的优势，商业文化一直非常发达。早在宋朝时期，阿拉伯商人开始在广东、福建沿海一带进行商贸活动。长年积累的国际贸易活动孕育了浓厚的商业文化气息，也培养了一批敏锐的商人群体，即广东商人，简称粤商。粤商是中国唯一没有断代的大商帮。

粤商主要由广府商人、潮州商人、客家商人等组成。自西汉开始，广州就成了中国南部地区茶叶、瓷器、丝绸等商品的集散之地。到了宋代，又发展为著名的对外贸易港口。明清时期，广东被指定为对外贸易口岸，粤商漂洋过海，并在世界各地开设广东会馆。粤商凭借政府给予的优惠政策，积累巨额财富，完成向近代商人的转变。

广州十三行是清皇室钦定的专做对外贸易的牙行，是专营对外贸易的垄断机构。1685 年，清政府招募 13 家较有实力的商家，指定他们与外国通商，并代海关征缴关税。1757 年，乾隆皇帝出台“一口通商制度”，指定广州为唯一合法对外通商口岸，也使广州成为外商进入中国的唯一门户。此后的 100 年间，十三行向清朝政府提供了 40%的关税收入。

1745 年，清政府特意从广州多家行商中选择实力较强的 5 家行商，目的在于加强监督和管理进出口贸易等事务。

在广州十三行所有行商中，潘家和伍家的影响最大。

（1）潘振承

潘振承，1714 年出生于福建泉州府同安县。1727 年辍学给人当船工，在菲律宾等地贩卖茶叶、丝绸、瓷器等物品，赚取了人生奋斗中的第一桶金。1738 年他来到广州，在洋行里做管理事务。潘氏诚实、勤恳、勤于思考，深受老板器重。后受老板委托经营洋行一切商务，借此机遇积累了丰厚的财富和对外贸易经验。此后创立同文行，成为东印度公司最大客户和最主要的贸易伙伴。1760 年，被清政府选为广州十三行商总，成为连续出任商总时间最长的行商。由于积累了雄厚的财富，潘振承被《法国杂志》

评为 18 世纪“世界首富”。可以说，广州的近代经济始于广州十三行，而十三行的发展和壮大，则始于潘家。

（2）伍秉鉴

2001 年，美国《华尔街日报》（亚洲版）在“纵横一千年”专辑中列举了一千年来世界上最富有的 50 个人，伍秉鉴入选。伍秉鉴祖籍福建泉州（与潘振承是老乡），继承父业，早期主要经营茶叶等。他以广州为据点，跟英国人做贸易，同时又把产业扩展到海外，是英国东印度公司最大的债权人。他创立怡和行，专业从事对外海上贸易，成为当时的世界首富。他认美国商人约翰·穆瑞·福布斯（John Murray Forbes）为义子，利用这层关系投资美国铁路建设，资助福布斯在中国成立了旗昌洋行，使之成为 19 世纪东亚地区规模最大的美国代理商行，垄断了美国的对华贸易。伍秉鉴的投资还涉足采矿、钢铁、石油、房地产、保险业、通信等领域。

三、传统文化

（一）粤剧

粤剧是用粤语演唱的戏剧，是广东传统戏曲之一，是乐师配乐、戏台服饰、抽象形体等融为一体的表演艺术。粤剧源自南戏，16 世纪中期粤剧在广东萌芽。18 世纪 30 年代，北京昆曲名伶张五因躲避清廷的追捕，化装易服逃至广东，寄居于佛山镇，以京剧、昆曲教授红船子弟[①]，建立琼花会

① 因粤伶以红船为交通工具，“红船子弟”便成为粤剧艺人的代称。

馆，这也是粤剧界最早的戏行组织。佛山遂被称为粤剧的故乡。其时佛山多迎神赛会，逢神诞必要上演粤剧。粤剧吸纳了多元的音乐、戏剧元素，创造性地拓展了中国戏曲的艺术表现形式，成为中国南北戏曲艺术的集大成者。2009 年，粤剧被联合国教科文组织列入“人类非物质文化遗产代表作名录”。

（二）粤绣

潮绣（指潮州地区）与广绣（包括广州、顺德、南海等地）合称为粤绣，粤绣与苏绣、湘绣、蜀绣并称，是中国四大名绣之一。粤绣萌芽于唐，成熟于明清，有 1000 多年的历史。粤绣有强烈的地方色彩，构图饱满均衡，针法繁多，纹理清晰，镶金银线，色彩浓艳，装饰性强。

（三）潮州工夫茶

潮州工夫茶也称潮汕工夫茶，是广东省潮汕地区特有的传统饮茶习俗，是中国茶艺中最具代表性的茶文化之一。中国茶文化在唐朝时期就已经十分成熟，而潮州工夫茶则盛于宋代，沿海一带人们都十分喜欢饮茶，潮汕当地更是把茶作为待客的最佳礼仪。潮州工夫茶融合了精神、礼仪、养生、沏泡技艺等完整的茶道形式，既是一种茶艺，也是一种民俗。潮州工夫茶被列入“国家级非物质文化遗产名录”。

四、观光产业

（一）自然和人文景观

1. 罗浮山

罗浮山位于惠州市，被称为“岭南第一山”，其主峰飞云顶海拔 1296 米。罗浮山是中国十大名山之一，被道教尊为天下第七大洞天、三十四福地。东晋道教理论家葛洪在此修道炼丹，北宋时改建为冲虚观。观中流传着三个千年不解之谜：观内大树高于檐顶，但房顶无落叶；道观建筑面积为 4400 多平方米，但墙角无蜘蛛网；观内有一口“长生井”，井水可以治疗疑难杂症。

罗浮山也是著名的佛教圣地，被称为罗浮第一禅林。华首寺建于 738 年，该寺不仅历史悠久，而且坐拥极具代表性的摩崖石刻。

2. 南华寺

南华寺始建于 502 年，因禅宗南宗创始人六祖慧能在此弘法而闻名于世。六祖慧能在此传授禅法 37 年，得法弟子 43 人，后形成河北临济、湖南沩仰、江西曹洞、广东云门、南京法眼五宗。这些宗派远传海内外，影响深远，故南华寺有禅宗“祖庭”之称。

3. 丹霞山景区

丹霞山景区是广东面积最大的、以丹霞地貌景观为主的红石公园。距今 9000 万 ~ 7000 万年前赤红砂岩受到长时间的侵蚀作用，形成景区内现有的美丽的曲线和奇异的悬崖。丹霞山景区2004年成功申报世界地质公园，2010年成功申报世界自然遗产。特产有沙田柚、白毛茶等。

4. 南岭国家森林公园

南岭国家森林公园位于南岭山脉中段，是珠江支流北江的发源地。这里有广东保存最完好的原始森林，海拔千米以上的山峰达30多座。这一带的山地多雨，溪水流量大且急，形成多险滩和瀑布的南岭瀑布长廊景区和原始森林“小黄山”景区。

（二）食文化

粤菜以清淡见长，被列为中国菜的四大菜系或八大菜系之一。粤菜是广东省内各地名菜的集大成者，其中大致分为广州菜、东江菜、潮州菜三大菜系。

“食在广州”，广州是饮食的中心。广州菜是粤菜的代表，是汉族传统饮食文化最重要的流派之一。广州菜主要由南海菜、番禺菜、顺德菜等地方风味组成。

东江菜也称作客家菜，以梅州菜、惠州菜、韶关菜等为代表。其中，东江盐焗鸡、东江酿豆腐、东江梅菜扣肉等闻名遐迩。

潮州菜起源于广东省潮州、汕头、揭阳地区，简称潮菜。潮州菜历史悠久，可追溯到汉唐。潮州菜以其新鲜的食材、考究的调料、精巧的刀工、高超的烹调技术著称，追求色香味俱佳，故被认为是中国高端菜系。近代，由于潮州地区海外华侨来往频繁，潮州菜有机会吸取海内外名食之精华，使得菜品丰富多彩。今日，潮州菜已经发展成为独具岭南文化特色、驰名中外的名菜之一。

第二章 闽 商

一、区域简介

福建省地处中国东南部、东海之滨，东隔台湾海峡与台湾省相望，东北与浙江省毗邻，西北横贯武夷山脉与江西省交界，西南与广东省相连，连接长江三角洲和珠江三角洲。它是中国大陆重要的出海口，也是中国与世界交往的重要窗口和基地。

福建境内峰岭耸峙，丘陵连绵，山地、丘陵占全省总面积的80%以上。陆地海岸线长达 3752 千米。岛屿星罗棋布，有 1500 多个，其中平潭岛为全省第一大岛。

福建气候属亚热带海洋性季风气候，温暖湿润。年平均气温 17～21 摄氏度，平均降雨量 1400～2000 毫米，是中国雨量最丰富的省份之一，气候条件优越，适宜人类聚居以及多种作物生长。

二、闽商文化及代表人物

福建对外通商历史悠久，是中国著名侨乡，在海外的闽籍华人华侨达 1580 万人。“闽商” 为福建商人的简称，它作为中国十大商帮之一，与晋商、徽商、粤商齐名。相对于民风较为保守的北方和内地，闽商更具开放和向外开拓意识。闽商闯荡全球的历史显现出典型的海洋文化特征，可以说“有华人的地方就有闽商”。“诚信为先，利义兼得”是他们的经商基本理念。

元代，福建在“海上丝绸之路”扮演着日益重要的角色，被马可·波罗称为“世界东方第一大港”。福建商人的贸易网络北至高丽、日本，南抵南洋，西至孟加拉、大食。明代建立后，朝廷实行海禁，但福建民间对日贸易日渐兴盛。明末清初，随着福建海商集团的崛起，以长崎为枢纽的埠际贸易兴盛。18 世纪，福建对日直接贸易减少，但仍与琉球保持密切的联系，福州作为招待琉球的主要场所，大批手工业制品输入琉球，转口日本。在埠际贸易的推动下，福建对近世日本文化影响深远。

闽商的代表人物包括陈嘉庚、丁世忠等。

（1）陈嘉庚（1874—1961 年）

厦门大学创办人，20 世纪海外华人的杰出代表。他以倾资兴学闻名于世，还被毛泽东赞誉为“华侨旗帜，民族光辉”。橡胶园、生胶厂和胶品制造厂是陈嘉庚的产业中三大支柱。此外，他还经营菠萝罐头、冰糖、肥皂、药品、皮革等十余种产业。他的销售网点遍布东南亚各大城市以及香港、上海、厦门、广州等地。陈嘉庚长期从事文化教育公益事业。1912—1920 年间，他先后在集美创办小学、中学、师范及水产、航海、农林、商科等学校。1918 年在新加坡创办南洋华侨中学。1921 年创办厦门大学。

（2）丁世忠（1970—　）

福建晋江人，全国人大代表、优秀企业家。17 岁开始创业，是安踏（中国）体育用品有限公司首席行政官、执行董事兼主席，亦为集团总裁。被评为第 17 届“中国十大杰出青年”，并被选为全国人大代表。在福建晋江被称作“鞋王”。

三、特色产业

（一）四大名茶

福建是我国产茶大省，制茶、饮茶、贩茶历史悠久，其中最知名的当属以下四种。

1. 安溪铁观音

安溪是福建省泉州市辖县，是中国茶叶基地之一。盛产乌龙茶，其珍品“铁观音”远销 30 多个国家和地区。铁观音既是一种珍贵的天然饮料，又有很好的美容保健功能，含有较高含量的氨基酸、维生素、矿物质、茶多酚和生物碱，具有杀菌消炎、减肥美容、延缓衰老、预防癌症、降血脂、降低胆固醇、减少心血管疾病及糖尿病风险等功效。安溪铁观音闻名遐迩，畅销东南亚、日本、欧美等地，深受消费者喜爱。

2. 武夷大红袍

武夷大红袍，茶之王者也，生于福建省武夷山的悬崖峭壁之间，自然纯粹，品高自显，被称为“岩茶之首”。大红袍茶树为灌木型，其母株生长于九龙窠陡峭绝壁上，仅存 6 株，为千年古树，产量稀少，被视为稀世之珍。在早春茶芽萌发时，从远处望去，整棵树艳红似火，仿佛披着红色的袍子，这也就是大红袍名字的由来。成品以精湛的工艺特制而成，茶香气浓郁，滋味醇厚，有明显“岩韵”特征，饮后齿颊留香，经久不退，冲泡 9 次犹存原茶的桂花香真味。

3. 正山小种

正山小种，又称拉普山小种、星村小种，是世界上最早的红茶，亦称红茶鼻祖，至今已经有 400 多年的历史。首创于福建省崇安县（1989 年更名为武夷山市）桐木地区。后来在正山小种的基础上发展了工夫红茶。正山小种的茶叶是用松针或松柴熏制而成，有着非常浓烈的香味。因为是熏制的，茶叶呈灰黑色，但茶汤为深琥珀色。

4. 金骏眉

金骏眉，属于红茶中正山小种的分支，原产于福建省武夷山市桐木村。金骏眉之所以名贵，是因为其全程都由制茶师傅手工制作。每 500 克金骏眉需要数万颗的茶叶鲜芽尖，采摘自武夷山自然保护区内的高山原生态小种新鲜茶芽，然后经过一系列复杂的萎凋、摇青、发酵、揉捻等加工步骤而得以完成。金骏眉外形细小紧密，伴有金黄色的茶绒茶毫，汤色金黄，入口甘爽，是难得的茶中珍品。

（二）水产养殖

福建省浅海滩涂辽阔，全省 30 米等深线内浅海面积 2215.5 万亩，潮间带滩涂 300 万亩，内陆江河溪流纵横交错，水库湖泊星罗棋布，可供养殖的海洋与水域面积超过陆地耕地面积。福建地处亚热带，沿岸水质肥沃，气候温和，发展水产养殖业条件得天独厚。改革开放以来，在福建省委、省政府的一系列战略决策的推动下，水产养殖业迅猛发展，水产总量大幅增加，产业结构不断优化，经济效益不断提高，渔民收入不断增加。现已形成以大黄鱼、鳗鱼以及特色品种为主体的水产业。

1. 宁德大黄鱼养殖

大黄鱼是我国“国鱼”，肉质细嫩鲜美、胆固醇低，并富含蛋白质，EPA、DHA 等高度不饱和脂肪酸，是我国沿海传统的滋补海产品。因其体色金黄，唇部橘红，群众视之为吉祥物，赞其为“长命鱼”“黄鱼小姐”。福建省宁德市以其独有的“官井洋”大黄鱼产卵场与无工业污染的“海上天湖”三都澳地理环境优势和技术优势，成为我国大黄鱼人工养殖的发源地和国内大黄鱼育苗与养殖基地，创造了网箱、土池养殖模式，同时推广围网、大网箱等新模式，产品通过了无公害食品认证，出口韩、美、日等国家和中国香港地区。

2. 福清鳗鱼养殖

日本是鳗鱼及其产品的最大消费国，养殖、加工鳗鱼由来已久。20 世纪 70 年代末，鳗鱼养殖传入中国，主要集中在福建省的莆田市和福清市。经过 40 多年的发展，截至 2019 年，福清的鳗鱼养殖企业多达几百家，光渔溪镇登记在册的鳗鱼养殖企业就多达 255 家。此外，鳗鱼产业还带动了福清市鳗鱼的饲料厂、烤鳗厂、养殖设备等相关产业发展，一个镇单项鳗鱼产业链的产值高达 100 多个亿，带动福清十几万人发家致富。福清的烤鳗产量约占全国 45%，占日本市场份额 38%，是全国最大的烤鳗生产加工和出口创汇基地。

3. 漳州水产养殖

漳州毗邻台湾，两地水产技术和品种交流频繁，形成了良好的发展局面。漳州市水产养殖品种多达 156 种，是福建省特色品种最多的水产养殖基地，鲍鱼、石斑鱼、牡蛎、青蟹 4 个水产品种产量位居全国第一。

四、观光产业

（一）自然和人文景观

福建依山傍海的特点也造就了其丰富的旅游资源，除了鼓浪屿、武夷山、太姥山等自然风光外，还有土楼、三坊七巷等人文景观。

1. 鼓浪屿

鼓浪屿别名“圆洲仔”，因岛的西南方有一块两米多高、中有洞穴的礁石，每当涨潮水涌，浪击礁石，声似擂鼓，人们称其为“鼓浪石”，鼓浪屿因此而得名。岛上建有中外风格各异的建筑物，现成为著名的风景区。鼓浪屿还是音乐的沃土，岛上人才辈出，钢琴拥有率居全国之冠，有“海上花园”“万国建筑博览”“钢琴之岛”“音乐之乡”之美称。2005 年《中国国家地理》杂志将鼓浪屿评为“中国最美的城区”第一名。2007 年，厦门市鼓浪屿风景名胜区经国家旅游局正式批准为国家 5A 级旅游风景区。

2. 武夷山

武夷山是典型的丹霞地貌，发育典型的丹霞单面山、块状山、柱状山临水而立，千姿百态。还有距今约 3800 年高插于悬崖峭壁之上的船棺，宋代朱熹创办的紫阳书院，元代御茶园以及历代摩崖石刻等名胜古迹。武夷山集道、佛、儒教于一身，是一座历史悠久的文化名山。李商隐、范仲淹、朱熹、陆游、辛弃疾、徐霞客等名家都在武夷山留下各自的墨宝。武夷山是朱子理学的摇篮，是世界研究朱子理学乃至东方文化的基地。

3. 永定土楼

永定土楼，又称筒子楼，位于福建省龙岩市永定区。其中最古老的是馥馨楼，建于 769 年，至今已有 1200 多年历史。永定土楼千姿百态，种类繁多，分方楼、圆楼两大体系。永定土楼被称为一座没有大门的中国客家土楼博物馆。2008 年，永定土楼被成功列入“世界遗产名录”，2011 年获国家 5A 级旅游景区称号。

（二）食文化

闽菜是中国八大菜系之一，经历了中原汉族文化和当地古越族文化的混合、交流而逐渐形成。福建人民经过与海外，特别是南洋群岛人民的长期交往，海外的饮食习俗也逐渐渗透到闽人的饮食生活之中，从而使闽菜成为具有开放特色的一种独特的菜系。

闽菜发展出福州、闽南、闽西三种流派。福州菜淡爽清鲜，重酸甜，讲究汤提鲜，擅长各类山珍海味；闽南菜包括泉州、厦门、漳州一带的食文化，讲究作料调味，重鲜香；闽西菜包括长汀及西南一带地方的食文化，偏重咸辣，烹制多为山珍，带有山区风味。

1. 佛跳墙

佛跳墙是闽菜中首屈一指的名牌佳肴。传说是因“坛启荤香飘四邻，佛闻弃禅跳墙来”这句诗句而得名。该菜集多种山珍海味于一体，是以鱼翅、海参、鸡、蹄筋、干贝、香菇、鲍鱼等 20 多种原料煨制而成，烹制程序严格，菜品营养价值高、醇香浓郁、荤而不腻。佛跳墙还具有增强免疫力、调经润肠、美容养颜等功效。

2. 沙茶面

沙茶面是一道流行于福建闽南地区、台湾地区、东南亚地区的著名的汤类面食小吃。其妙处在于用沙茶酱制作的汤头。沙茶酱主料由虾干、鱼干、葱头、蒜头、老姜等十几种食材经油炸香酥再研磨细制成。

3. 河田白斩鸡

河田镇的白斩鸡是福建省的客家名菜，属于汀州客家菜系。鸡必须是长汀特产的河田鸡，它是世界五大名鸡之一。河田鸡之所以驰名海内外，并非由于它善斗称雄，而是因为它外表绚丽，皮色金黄，肉质嫩滑鲜甜，营养丰富。制作时使用的料酒也必须是长汀产的客家米酒料酒。

第三章 浙　商

浙江省位于中国东南沿海长江三角洲南翼，东临东海，南接福建，西与安徽、江西相连，北与上海、江苏接壤。截至 2022 年，浙江省下辖杭州、宁波、温州、绍兴、湖州、嘉兴、金华、衢州、舟山、台州、丽水 11 个地级市，其中杭州、宁波（计划单列市）为副省级城市；37 个市辖区、20 个县级市、33 个县（含 1 个自治县）。境内最大的河流为钱塘江，因江流曲折，称之江、折江，又称浙江，省以江名，简称“浙”。浙江省东西和南北的直线距离均为 450 千米左右。陆域面积 10.55 万平方千米，是中国面积最小的省份之一。

浙江是中国经济最活跃的省份之一，同时也是中国省内经济发展程度差异最小的省份之一。杭州、宁波、绍兴、温州四个城市对全省经济增长的贡献率较高，其中杭州和宁波经济实力长期位居中国前 20 位。

浙江省从市到乡镇，每个地方都有特色产业，例如地级市级别有宁波的服装、注塑机和钕铁硼材料，台州的医药化工，等等；县乡镇级别有永康的五金、义乌的小商品、东阳的木雕、安吉的白茶、梁弄的灯具、汤浦的铜管、诸暨的珍珠、龙泉的宝剑，等等。

本书主要围绕宁波和温州进行举例。

一、宁波商人

（一）区域简介

宁波，简称甬，早在周朝已有此称。宁波是首批沿海开放城市之一，长三角五大区域中心之一。宁波是长江三角洲南翼的经济中心，也是中国著名的院士之乡。宁波地处东南沿海，位于中国大陆海岸线中段、长江三角洲南翼，东有舟山群岛为天然屏障，北濒杭州湾，西接绍兴市的嵊州、新昌、上虞，南临三门湾，并与台州的三门、天台相连。截至 2022 年底，宁波市陆域总面积为 9816 平方千米，其中市区面积为 3730 平方千米。全市海域总面积为 8355.8 平方千米，岸线总长为 1678 千米，约占全省海岸线的四分之一。全市共有大小岛屿 611 个，面积为 277 平方千米。

（二）宁波商帮文化

“宁波帮”是名扬中外的著名商帮，是中国近代十大商帮中的后起之秀。宁波是商之乡，也是浙东文化的发源地。宁波商人善于开拓市场、占领市场，足迹遍及海内外。20 世纪 40 年代，继上海成为宁波商人的主要活动地域后，香港又成为宁波商人活动的大本营。此后，宁波商人又进一步向日本、东南亚、美洲和大洋洲等地拓展，宁波商人的企业相继发展成为全球性企业。宁波商帮不仅很好地保持了银楼、药材、成衣、海味等特色传统项目，还开发了许多新的经营项目。宁波商人历来有吃苦耐劳、知难而进、艰苦创业、克勤克俭的品质，同时思想机敏，经营灵活，顺应时代潮流，适应市场需求。他们敢于师夷之长，从中学习轮船航运业、银行证券业、五金颜料业、房地产业、保险业、垦殖业和进出口业务等新兴行业，同时他们的民族立场也很坚定，敢于跟洋人竞争较量，是热忱的爱国者。虞洽卿对英商在轮船票价上的抗衡，包玉刚与英商竞争收购九龙仓的成功，都成为轰动一时的美谈。

王安石开创的“田家有子皆习书，士儒无人不织麻”的社会氛围和尚文尚礼、崇信崇义的地方文化精神，成为一代代宁波人人格理想的精神支柱。宁波近代商人有一大特点，那就是有许多人出身于书香门第，或是经商成功以后从事教育事业的，或是让后代继续念书学习的。宁波的学子从一开始就有一种“转而从商” 的准备。官宦仕途风险环生，读书为官常常投入太多而成功率极低，于是在开蒙阶段，宁波的家长们都会要求子女首先不习八股（明、清两代科举考试时规定的应考文体）策论，而是实实在在掌握三门实用的技巧：书法、尺牍和珠算。他们认为一个学生首先应当能写一手好字，会打一手好算盘。这样，即使到头来求不了官，也能当一个好商人。宁波商人后备力量的文化培养机制就是这么形成的。

（三）特色产业

1. 中国近代服装的发祥地

宁波是“海上丝绸之路”的始发港，并且一直是我国纺织服装的重要生产基地。中国第一个近代服装流派——“红帮裁缝”诞生在宁波。“红帮裁缝”创造了中国的“第一套西装”“第一件中山装”“第一家西服店”“第一部西装裁剪书”和“第一部服装理论著作”，宁波堪称是中国近代服装的发祥地。

2021 年，宁波的服装产业产值超过 1300 亿元。服装产业是宁波的优势产业和区域经济的主要支撑。其服装产业经历了集群化、规模化、集约化、系列化的发展历程，产品创新求变，生产配套成龙。

宁波的服装产业通过宁波国际服装节这一平台，正迅速占领海内外的服装市场。除了杉杉、雅戈尔等大品牌之外，太平鸟等新品牌也犹如雨后春笋般崛起。宁波的服装产业现已形成了以西服、衬衫、女装、休闲装、职业装、童装、内衣、皮草等为主的服装和服饰产品，形成了较全面地涵盖梭织、针织、羊毛羊绒等多种纺织服装的产业集群，并形成鄞州、奉化的西服、衬衫生产基地，香山、北仑的针织服装生产基地，宁海的羊毛衫、童装生产基地，海曙的女装、时装生产基地等。

2. 宁波的新兴产业

2020 年 11 月，第一财经新一线城市研究所联合启信宝，为了研究全国产业的分布情况，提取了 8 大热门新兴产业在全国 337 个地级及以上城市的企业数量。作为制造业单项冠军城的宁波在这些新兴产业领域的表现非常出色。这些新兴产业分别是：新一代信息技术、高端装备、新材料、新能源、节能环保、生物医药、大数据、工业互联网。其中，宁波在高端装备、新材料、新能源、工业互联网领域的企业数量均位居全国前 5 名，在节能环保、新一代信息技术领域分别处于全国第 6、第 10 位。在榜上有名的新兴产业中，宁波在高端装备、新材料的表现最为突出，前者位居全国第 2，仅次于上海；而后者取得全国第 3 的佳绩，仅次于上海、深圳。机械装备是“工业之母”，材料则是“工业的粮食”，在这两大基础性领域的集聚效益，正是宁波制造业家底雄厚的体现。

3. 跻身“氢能城市十强”

宁波是一座富氢之城。作为全国七大石化基地之一，截至 2021 年 8 月，宁波市的石化产业制氢规模已达 47.63 万吨；据不完全统计，宁波可外供副产氢每年约 7.23 万吨。按照氢燃料电池乘用车百千米耗氢 1 千克（每年 200 千克/辆）计算，可供约 36 万辆氢燃料电池乘用车使用。2021 年 6 月，宁波首个加氢示范站落地镇海，将用于为氢燃料电池车加注燃料，每天加氢规模可达 500 千克，创造了国内建设单座加氢站的最快纪录。这意味着，宁波正式迈入了氢能交通时代。

宁波拥有全国最大的石化产业基地、新材料产业基地，已形成 8 个超千亿级制造业产业集群，为氢能装备产业发展提供了雄厚的产业基础。此外，宁波港航物流产业发达，舟山港货物吞吐量连续多年位居世界第一，氢能在港区装卸、集疏运等交通运输领域的应用空间非常广阔。宁波还拥有发达的汽车产业，汽车整车生产企业 12 家，汽车零部件生产企业 4400 多家，产业转型升级意愿非常强烈，部分龙头企业已经在氢能汽车领域开展研究，燃料电池汽车产业发展潜力是巨大的。

（四）观光产业

1. 自然和人文景观

（1）杭州湾跨海大桥

杭州湾跨海大桥是连接嘉兴市和宁波市的跨海大桥，位于杭州湾海域之上，是沈阳—海口高速公路（国家高速 G15）的组成部分，也是浙江省东北部的城市快速路重要构成部分。线路全长 36 千米，桥梁总长 35.7 千米。

（2）宁波老外滩

宁波老外滩是位于宁波市三江口（甬江、奉化江和余姚江的三江汇流之地）北岸江北区的一个港口，是进入宁波古城的门户。宁波老外滩在唐朝是中国四大港口之一，也是鉴真东渡的起点；在南宋为中国三大港口之一，并设立市舶司专门负责管理海上对外贸易。《南京条约》签订后，宁波便成为“五口通商”口岸之一，并于 1844 年正式开埠。从最近一次文物普查情况来看，宁波老外滩的 54 处文物建筑中至少有 31 处与宁波商帮有关，这里的建筑物大多建于 19 世纪末至 20 世纪初，这些丰富多彩的西式和中西结合的建筑物既有办公和宗教活动场所，又有金融、贸易和豪华住宅。外滩历史文化保护区作为宁波近代历史标志性地段，被《宁波市城市总体规划》确定为 6 片历史文化保护区之一。

（3）普陀山风景名胜区

普陀山风景名胜区素有海天佛国、南海圣境之称，是首批国家重点风景名胜区之一，也是中国佛教四大名山之一。最高峰佛顶山，海拔约 300 米。普陀山位于钱塘江口、舟山群岛东南部海域，大海怀抱，金沙绵亘，景色优美，气候宜人。著名景点有潮音洞、梵音洞、朝阳洞、普济寺、法雨寺、慧济寺、南海观音、大乘庵等。普陀山作为佛教圣地，最盛时有 82 座寺庵，128 处茅篷，僧尼达 4000 余人。其中普济、法雨、慧济三大寺规模宏大，建筑考究，是中国清初寺庙建筑群的典型。

2.食文化

（1）宁波汤圆

宁波汤圆是浙江省宁波市的传统小吃，也是中国的代表小吃之一。吃汤圆是春节、元宵节等节日的食俗，历史非常悠久。据传，汤圆起源于宋朝。当时明州（现浙江省宁波市）兴起吃一种新奇食品，即用黑芝麻、猪油、少许白砂糖做馅，外面用糯米粉搓成球，煮熟后，吃起来香甜可口，饶有风趣。因为这种糯米球煮在锅里又浮又沉，所以最早它被叫作“浮元子”，后来有些地区把“浮元子”改称为元宵。与大多数中国人不同，宁波人在春节早晨有合家聚坐共进汤圆的传统习俗。

（2）宁波年糕

年糕在中国具有悠久的历史。宁波一带民间有“年糕年糕年年高，今年更比去年好”的民谚。人们用年糕印版压成“五福”“六宝”“金钱”“如意”等形状外观，象征“吉祥如意”“大吉大利”，有的则会做成“玉兔”“白鹅”等小动物的形状。宁波年糕产品远销中国香港、中国台湾等地区和新加坡、加拿大、澳大利亚等国家，深受国内外宁波帮的喜爱。宁波人吃年糕，主要是炒、做汤两种，用油菜蕻炒、荠菜炒、梭子蟹炒味道最佳。

（3）雪菜大汤黄鱼

烹调东海大黄鱼是宁波人的看家本领之一，因此宁波菜以黄鱼入馔者繁多，其中以雪菜大汤黄鱼、腐皮包黄鱼、苔菜拖黄鱼、黄鱼羹最为著名。雪菜大汤黄鱼是宁波十大名菜之一，汤汁奶白鲜洁，鱼肉鲜嫩，雪菜鲜脆爽口。大黄鱼烧汤的最佳搭档是雪菜，将大黄鱼和雪菜一起烧汤，可谓是鲜上加鲜。

二、温州商人

（一）区域简介

温州市，简称“温”或“瓯”，是浙江省辖地级市，是国务院批复确定的东南沿海重要的商贸城市和区域中心城市。全市共辖鹿城、龙湾、瓯海、洞头 4 个市辖区，瑞安、乐清、龙港 3 个县级市，以及永嘉、平阳、苍南、文成、泰顺 5 个县。截至 2022 年底，温州市陆域面积 12102.65 平方千米，海域面积 8649 平方千米；全市户籍人口 831.8 万人，常住人口 967.9 万人，城镇化率为 73.7%。温州境内人多地少，无法靠土地为生，所以容易产生商帮，温州人被称为“东方犹太人”。

温州是国家历史文化名城，素有“东南山水甲天下”之美誉。温州古为瓯地，也称东瓯，323 年建郡，为永嘉郡，传说建郡城时有白鹿衔花绕城一周，故名鹿城。唐朝时（675 年）始称温州。温州是中国民营经济发展的先发地区与改革开放的前沿阵地，是我国 14 个首批沿海开放城市之一。

（二）温州商帮文化

温商即温州商人，是与徽商、晋商、申商、粤商齐名的中国地方性商人团体。温州早有经商传统，改革开放之后，温州商人更活跃于国内外商界。温商有遍布全国及海外的各级商会并建有“温州街”“温州商城”等。温州商人以精明、吃苦耐劳、敢闯敢干、得风气之先著名，即使是在条件较为艰苦的非洲，也能够找到温州商人的身影。温州的产品几乎在世界各地都能见到，如著名的温州打火机。在 20 世纪五六十年代，日本曾经创造了经济“奇迹”，其年平均经济增长速度为 8.6%，80 年代以来，中国成为世界上经济增长速度最快的国家，超越了日本，刷新了世界纪录，创造了新的经济奇迹。与此同时，温州市的城镇居民人均可支配收入更是以 15% ~ 20%的速度递增，“温州速度”成了专有名词。

温州的成就也离不开永嘉事功学派的传承与温州人的勇敢精神。永嘉事功学派，又称“事功学派”“功利学派”等，是南宋时期在浙东永嘉（今浙江温州）地区形成的、提倡事功之学的一个儒家学派，是南宋浙东学派中的一个先导学派。永嘉学派提出“事功”思想，主张“经世致用，义利并举”，重视对经史和政治制度的研究，主张通商惠工、减轻捐税。

温商的做人原则、经商信念、商业伦理等一系列思想的“根”在永嘉事功学派，从永嘉事功学派中可以找到温州的文化基因和文化密码，该学派的集大成者是南宋著名思想家、文学家、政论家叶适。以叶适为代表的永嘉事功学派提倡的“经世致用”将温州人的经商理念历史性地提高到了哲学高度，对温州的经济、文化产生了深远的影响。叶适的思想在我国的台湾、香港等地，以及日本、韩国、加拿大等国得到广泛传播，影响很大。

（三）特色产业

1. “中国鞋都”

制鞋业是温州规模最大的传统产业。据统计，2019 年全球共制造 243 亿双鞋，制鞋产业高度集中在亚洲，其鞋产量约占全球总产量的 90%，中国鞋类产量 134.75 亿双，占比 55.5%，位居榜首，远高于其他国家，中国制鞋业分广东、浙江、福建三大鞋类主产区，三省的鞋产量占全国产量的 80%，而浙江鞋类主产区在温州。截至 2022 年第一季度，温州全市有制鞋企业 4921 家，鞋类出口企业 800 多家，全市鞋业总产值 103.5 亿元，同比增长 16.4%，其中出口总值 61.58 亿元，同比增长 32.44%。

2. 制革业

2015 年，全国规模以上皮革行业共有 8114 家企业，浙江省以 1728 家的数量位居第一。浙江的皮革生产基地遍布全省，分布在温州、海宁、温岭、崇福、平湖等地。其中以温州、海宁最先崛起，实力最为雄厚。温州的制革行业主要产品为合成革、牛皮革、猪皮革，是国内最大的合成革生产基地。据 2015 年《温州市地方志》统计，温州市有合成革行业企业 67 家，工业总产值 67.21 亿元。产值超亿元企业 24 家，产值超 2 亿元企业 7 家。温州生产的合成革手感接近真皮，但价格又低于真皮，其较强的质量和价格优势获得了国内外顾客的青睐，占领了国内市场以及南非、东南亚、俄罗斯、韩国等市场。

3. 服装业

温州的服装业从 20 世纪 80 年代开始逐渐形成规模，现已成为温州市的重要支柱产业。据 2016 年的统计，温州有服装企业 2449 家，总产值达

198.24 亿元。温州的服装企业通过大量引进了日本自动拉布裁床、意大利全自动系列整熨机等国际最先进的服装生产设备，市场竞争力大为增强。温州保持着“中国男装名城”“中国休闲装名城”“中国针织名城”“中国纺织服装品牌中心城市”四张金名片，拥有 17 枚中国服装业的驰名商标和森马、报喜鸟等 9 个中国名牌。温州的服装行业产品以西服为主，是与宁波齐名的两大西服强市之一。

（四）观光产业

1. 自然和人文景观

（1）雁荡山

雁荡山坐落于浙江省温州乐清境内，为首批国家重点风景名胜区，中国十大名山之一，因“山顶有湖，芦苇丛生，秋雁宿之”故而山以鸟名。雁荡山形成于 1.2 亿年前，是一座典型的白垩纪流纹质古火山，总面积 450 平方千米，景点 550 多处，辟有八大景区，其中灵峰、灵岩、大龙湫精华荟萃，被称为“雁荡三绝”。雁荡山根植于东海，山水形胜，以峰、瀑、洞、嶂见长，素有“海上名山”“寰中绝胜”之誉，史称“东南第一山”。雁荡山开山凿胜，发轫于南北朝，兴盛于唐宋，文化底蕴丰厚。

（2）刘伯温故里旅游景区

刘伯温故里旅游景区是集历史名人文化、佛教文化、民俗文化、廉政文化、生态文化等多元文化于一体的综合型旅游休闲目的地。2017 年 2 月通过国家 5A 级旅游景区资源评估，拿到创建入场券。该景区主要由百丈漈、刘基庙、安福寺 3 片区组成。

刘基，字伯温，封诚意伯，追赠太师，谥文成，是明朝的开国元勋，军事家、政治家、文学家。他的故里位于文成县天顶湖西边的南田镇。刘基庙，即钦建诚意伯庙，位于浙江省文成县南田镇华盖山南麓，是刘伯温故里两大核心景区之一。明天顺二年（1458 年）敕建，占地面积约 3024 平方米，为七开间回廊合院式木构建筑。环境清幽，规制恢宏，风格古朴，庄严肃穆。庙周文物古迹众多，有元建徐忠勇祠、明清建古民居群等。

2. 食文化

温州土壤肥沃，河流湖泊众多，海洋资源丰富，是江南“鱼米之乡”。粮食作物以水稻为主，经济作物主要有柑橘、茶叶、枇杷、杨梅、甘蔗等 160 余种。海洋鱼类有带鱼、黄鱼、鳗鱼等 370 余种、贝类有 430 余种。沿海滩涂养殖面积达 6.5 万公顷，养殖蛏、蚶、虾、蟹、蛤等。用材林有松、杉、栎等 280 余种。

温州菜以海鲜为主，菜品口味新鲜，淡而不薄，烹调技术讲究轻油、轻芡，注重刀工。三丝敲鱼、锦绣鱼丝和爆墨鱼花并称“瓯菜三绝”。温州特色小吃种类繁多，有松糕、米面、炒粉干、马蹄松、灯盏糕、鱼丸等四五十个品种。

（1）温州鱼丸

温州大街小巷设有许多鱼丸店摊。温州鱼丸以鱼肉或海鳗肉为主料，切成细条，用酒、味精、盐腌渍片刻，加白淀粉，用手揉透，然后投入沸水中，上浮便熟。食时连原汤舀入小碗中，加米醋、味精、胡椒粉和葱花。

（2）温州鱼饼

温州鱼饼是温州传统民间特产，早在汉朝时期就有了制作温州鱼饼的记载，1921 年就已在全国闻名。鱼饼均以东海的鮸鱼、马鲛鱼等新鲜海水鱼为主原料，配以独特的调味品，采用传统配方及先进工艺精制而成，不添加任何色素及防腐剂，肉质鲜嫩、鲜而不腥，脂肪低，营养极为丰富。

（3）三丝敲鱼

三丝敲鱼是温州民间传统佳肴，相传已有百余年历史。直到今日，每到逢年过节、亲朋相聚，常以三丝敲鱼款待。“三丝”指的是鸡脯丝、火腿丝、香菇丝，一般使用近海鱼或黄鱼，加三丝、清汤烹制而成，汤清味醇，鲜嫩爽滑，色泽调和，独具风味。

（4）灯盏糕

灯盏糕是一种油炸食品，是温州的特色名点。据传清光绪末年，温州人陈大姆、陈碎姆两兄弟，在东门陡门头设摊炸灯盏糕。其内馅是猪腿肉和黄屿萝卜丝，外皮用新黄豆和米粉浆拌和，采用鲜猪油炸制。因其外形酷似古代扁圆形的菜油灯盏，故得名“灯盏糕”。灯盏糕外皮松脆，圆边酥软，内馅爽口，独具风味。

第四章 沪　商

一、区域简介

上海市简称“沪”或“申”，处于中国南北海岸线的中部，世界第三大河长江的入海口，与周围的江苏、浙江、安徽三省多个城市共同构成长江三角洲城市群。上海是历史悠久的港口城市，也是中国重要的经济、金融、贸易、航运中心；有虹桥、浦东两个机场；东南角有“洋山深水港”，2005年12月10日正式开港，以长达32.5千米的东海大桥连接陆地和港岛；2006年4月27日上海磁浮列车示范运营线正式投入商业运营，浦东机场为起始站，全长31千米。

截至2021年末，上海行政区划面积为6340.5平方千米。黄浦江把上海分为浦东、浦西两大区域。上海崇明岛面积为1269.1平方千米，是中国第三大岛。

上海是中国人口最多的城市。第七次全国人口普查表明，全市常住人口为24870895人，与第六次全国人口普查相比，10年共增加1851699人，增长8.0%，年平均增长率为0.8%。全市常住人口中，男性人口占51.8%，女性人口占48.2%。

2021年，上海全市平均气温17.9摄氏度，降雨量1474.5毫米。近年有炎热天数增多、冬天降雪减少的趋势。

二、沪商文化及代表人物

19 世纪下半叶，在西方列强的炮击下，上海被迫成为开放城市，接受西方资本主义市场经济的影响。国内外商家看中上海作为大城市发展的机遇，纷沓而至。上海由此形成了海纳百川、融合中西方思想的多元城市文化，大家称之为“海派文化”。

沪商是指以上海为主要发展地的上海籍实业家。20 世纪初，沪商已经是全国实力最强的商人群体，1902 年，沪商建立了中国第一个商会组织，即上海商业会议公所。1904 年正式改组为上海商务总会，有中国“第一商会”的美称。

沪商主要来源于国内移民，特别是江浙两地，这座充满浪漫和市场机遇的“魔都”孕育了众多商界精英，他们遵守市场规则，注重诚信。另外，受独特“海派文化”的影响，近代上海商人更显包容、开放和精明。

沪商的另一特征是高度的爱国精神和强烈的社会责任感。爱国的沪商怀着“实业救国”的抱负，纷纷投身实业，走上企业发展之路，为上海的产业发展作出了巨大贡献。

（1）刘鸿生（1888—1956 年）

刘鸿生，“中国火柴大王”和“毛纺业大王”，中国近代著名爱国实业家，以经营开滦煤炭起家，后将资本投资火柴、水泥、毛纺等业，是集“煤炭大王、火柴大王、毛纺大王、水泥大王”等于一身的“企业大王”，经营领域遍布轻重工业、运输业、商业和金融业，创立了近代中国数一数二的民族企业集团。

刘鸿生少年时家道中落，艰难考上大学，后因各种缘故而辍学。当过教师，做过翻译，干过销售员，后来又转运煤炭，赚取第一笔资金。之后，他积极投身民族实业，先是设华商鸿生火柴公司，后又设立华商上海水泥公司、中华煤球公司、大华保险公司、华丰搪瓷公司、章华毛绒纺织公司、中华工业公司、华东煤矿公司、中国企业银行等，成为当时国内顶级的实业家。

（2）章荣初（1901—1972 年）

章荣初是中国著名民族资本家，民国时期上海滩的实业巨头之一。1928 年，章荣初筹建上海印染厂，这是当时中国民族资本家经营的第一家印染厂，抵挡住了欧美企业的冲击，首次建立了由中国人独资管理的，从纺纱、织布、印染到棉布经销的集团企业，后改名为上海纺织印染厂。

章荣初还创立了荣丰纱厂及苏中铁工厂、上海皮革厂、泰州纱厂、丰业大楼等，成为上海知名实业家。章荣初毕生致力实业，到 1949 年，他的资产达 1000 万元以上，成为中华人民共和国成立初期浙江省留在国内资产最多的民族资本家。

（3）吴蕴初（1891—1953 年）

吴蕴初，“味精大王”，中国近代化工专家，著名化工实业家，中国氯碱工业创始人。少时家贫辍学，回嘉定第一小学当英文教师养家糊口。15 岁时考入陆军部上海兵工学堂半工半读学习化学，从此走上化工研究之路。

1913 年，吴蕴初进入汉阳铁厂任化验师，在该厂成功试制矽砖和锰砖，随后升任砖厂厂长，并很快成为工程师。20 世纪 20 年代回到上海后，创立上海天厨味精厂；1930 年建成天原电化厂，该厂是我国第一家生产盐酸、烧碱和漂白粉等基本化工原料的氯碱工厂；1934 年建成天盛陶器厂，生产耐酸陶管、瓷板、陶质阀门及鼓风机等，创国产耐酸陶瓷工业之先河；1935年建成天利氮气厂。至此，天厨、天原、天盛、天利 4 个轻重化工企业形成了自己的体系，开辟了我国化学工业史上的新篇章。

吴蕴初还创办中华工业化学研究所，并发行中国第一本化学工业杂志《化学工业》；参与创办了中国工业标准化协会，并支持发行会刊《工业标准化》；创办中国第一家教育基金会——清寒基金会，奖励化学化工专业优秀学生和名牌中学化学成绩优秀者。

三、观光产业

（一）人文和自然景观

1. 外滩

外滩（The Bund）位于上海市中心的黄浦区，为上海的历史文化风貌区，全长约 1.5 千米。“The Bund” 源于印度语，意为“东方水域的江岸”。

该地区是 19 世纪中叶至 20 世纪上半叶的租界区，两旁是当时建造的西式高楼。因是当时的行政和经济中心，政府机关和银行很多，也有世界级时尚品牌旗舰店，还有充满时代复古气息的酒吧和餐厅。因其时尚的城市景观，吸引着来自世界各地的游客。

2. 陆家嘴

陆家嘴位于浦东新区黄浦江畔，与外滩隔江相对，是世界著名的金融中心。这里汇集了东方明珠广播电视塔、上海环球金融中心、金茂大厦、上海中心大厦等地标建筑。

3. 东方明珠广播电视塔

自 1994 年建成以来，它一直是上海最显眼的标志。它不仅是电视塔，人们还可以在这个独一无二的环境里购物，在博物馆了解历史，在旋转餐厅享用美食，欣赏上海的景色。

4. 上海中心大厦

上海中心大厦于 2016 年建成，截至 2022 年 2 月仍是世界上第三高的摩天大楼。有三部电梯与上海中心大厦观景台直接相连，电梯从地下二层（地下约 13 米）到 119 层（约 552 米），55 秒即可达到 1080 米/分（18 米/秒）的速度。

5. 豫园商城和城隍庙

作为上海最繁华的街区，豫园商城如今已成为上海最受瞩目的旅游地。这是一条历史悠久的购物街，在这里除了享受美食，还可以购买纪念品，在城市中漫步，体验上海的传统文化。

豫园商城中的豫园，原是四川布政使潘允端为取悦父母筹建的花园。始建于 1559 年，经过 20 余年的建造，建成名为“豫园”的江南私人园林。“豫园”有“豫悦老亲”之意。

城隍庙是上海地区重要的道教宫观，始建于明代永乐年间，与豫园毗邻。

6. 枫泾镇

历史上，枫泾镇位于吴越交界之处，为吴越名镇。枫泾古镇具有典型的江南水乡风貌，是中国第一批历史文化名镇。古镇内外河道纵横，有 52 座桥梁，现存最古老的桥为始建于元代的致和桥。当地最著名的特产为“枫泾四宝”，即黄酒、枫泾丁蹄、状元糕和豆腐干。以枫泾为发源地的金山农民画在海内外有很高的声誉。

上海市级非物质文化遗产——金山农民画 1974 年发源于枫泾镇，1988 年，金山区被文化部命名为“现代民间绘画之乡”。2006 年 4 月 28 日，枫泾镇中洪村建立金山农民画村，后更名为“中国农民画村”，现为国家 3A 级旅游景区。

7. 龙华寺

龙华寺始建于东吴孙权年间，是孙权为孝敬其母而建造。明成祖永乐年间（1403—1424 年）重建，称龙华寺。龙华塔位于现今的龙华寺外，为八角砖木塔，总高七层，每层八面，现存结构建成于北宋。龙华寺的名称来源于佛经中弥勒菩萨在龙华树下成佛的典故。

龙华寺是弥勒菩萨的道场，传说农历三月初三是弥勒化身布袋和尚的日子。为了纪念他，春天桃花开时，龙华寺会举行纪念法会，香火旺盛，吸引了众多信众商贩，从而形成庙会。

1983 年，龙华寺被国务院确定为汉族地区佛教全国重点寺院。2006 年 5 月 25 日，龙华塔作为宋代古建筑，被国务院批准列入第六批全国重点文物保护单位名单。

8. 静安寺

静安寺位于高楼大厦林立的南京西路，其历史可以追溯到三国时期，距今已有 1700 多年的历史。当时名为沪渎重玄寺，唐代改称永泰院，1008 年改名为静安寺。静安寺山门前的涌泉，被誉为“天下第六泉”。

1912年，中华佛教总会设会址于静安寺内。1953年，持松法师从日本回国后在寺内建立真言宗坛场。1983 年，国务院确定静安寺为汉族地区佛教全国重点寺院之一。现在的静安寺是中国最重要的密宗、真言宗道场。

9. 玉佛寺

玉佛寺位于普陀区安远路 170 号。因寺内主要供奉慧根法师从缅甸请回的两尊玉佛而得名，两尊玉佛一尊是释迦牟尼坐像，另一尊是释迦牟尼卧像。另因其属于禅宗临济派，修习禅法，故又名玉佛禅寺。最早的玉佛寺于清光绪二十六年（1900年）建立在吴淞江湾车站之侧，1918年起，佛教禅宗临济宗僧人可成法师在现在地址上建新寺。玉佛寺创建人和首任住持是慧根法师。

（二）食文化

1. 本帮菜

本帮菜是上海菜的别称。本帮菜这一概念出现于 20 世纪 30 年代，最初是以弄堂饭店的形象为世人所知。本帮菜以红烧、清炖为主，后又融入苏、浙、皖等地菜系的烹制特色，将传统的浓油赤酱改为重原味、重烹调的风格，讲究真材实料和慢火细工，保持香、脆、鲜、嫩的特色风味。最为著名的饭店有“绿波廊”“上海老饭店”等百年老店。代表菜肴有草头饼、虾子大乌参、八宝鸭、腌笃鲜等，而油爆虾、红烧肉则是较为知名的家常菜，生煎馒头和小笼包是本帮小吃的知名代表。

2. 四大金刚

上海人日常主食以米饭为主，偶尔以馄饨、面条等调整口味。传统家庭早饭以隔夜的剩余米饭加水制成泡饭，辅以酱菜、咸蛋和腐乳等。餐饮店和小摊提供的早餐往往以豆浆、油条、大饼、粢饭最为常见，被沪上民众亲切地称为“四大金刚”。这些早点虽然价廉，但是饱腹、美味，能够边走边吃，非常适合上海人的口味和生活节奏。

第五章 苏 商

一、苏州商人

（一）区域简介

苏州古时称吴。公元前 514 年，吴王阖闾命伍子胥建筑阖闾城为国都，是为苏州建城之始。这座古城已历经 2500 多年的沧桑，基本保持古代河街相邻的原风貌。历史上，这里人杰地灵、传统文化发达、风景秀美，古人用“上有天堂，下有苏杭”来形容苏州、杭州的美丽、繁华与富庶。

苏州如今是江苏省下辖的地级城市，是国家历史文化名城和风景旅游城市、国家高新技术产业基地、长江三角洲重要的中心城市之一。截至 2019 年 12 月，苏州市有 5 个市辖区：姑苏区、虎丘区、吴中区、相城区、吴江区；代管 4 个县级市：常熟市、张家港市、昆山市、太仓市；另辖一个县级单位：苏州工业园区。苏州东临上海、南接嘉兴、西靠太湖、北邻无锡。全市地势低平，平原占总面积的 54.8%，海拔 4 米左右，丘陵占总面积的 2.7%。苏州属亚热带季风海洋性气候，四季分明，雨量充沛，种植水稻、小麦、油菜，出产棉花、桑蚕、水果等。2020 年，苏州 GDP 位居全国第 6，仅次于上海、北京、深圳、重庆、广州。据 2020 年人口普查，苏州市区常住人口大约是 665 万。苏州也是中国唯一一个完整保存古城区的城市，古城区的姑苏区，建筑限高 24 米，是全国世界文化遗产密度最高的区域。

苏州是吴文化的重要发祥地，也是中国首批 24 座国家历史文化名城之一。苏州拥有保存完好的私家园林的代表——苏州古典园林。中国大运河苏州段入选世界遗产名录。苏州被世界遗产城市组织授予了全球首个“世界遗产典范城市”称号。

另外，评弹艺术（400 多年）、昆曲（600 多年）、苏州园林成为历史文化名城苏州的“文化三绝”。2006 年苏州评弹入选首批国家级非物质文化遗产名录；2001 年昆曲被联合国教科文组织列为“人类口头和非物质遗产代表作”，2008 年被纳入“人类非物质文化遗产代表作名录”。1997 年，苏州古典园林中的拙政园、留园、网师园和环秀山庄被列入“世界遗产名录”；2000 年，沧浪亭、狮子林、耦园、艺圃和退思园作为苏州古典园林的扩展项目也被列入“世界遗产名录”。

（二）苏州商帮文化及代表人物

在古代，商人通常被列入“士农工商”的末位，但苏州多出文人雅士，这些文人非常喜欢和崇尚技艺，甚至直接参与生意往来，这些商人被称为“苏州士商”，因此在一定程度上获得了社会的认同和尊重。

苏州自古物产富饶，水陆交通便捷，为商业的发展与繁荣奠定了基础。苏州是吴文化发祥之地，也是历代统治者关照和庇佑之地，众多富豪居于苏州，为苏州带来了经济和文化的双重繁荣。明清时期，苏州已是江南地区重要的商业中心，近代苏商的实业报国精神充分体现了爱国、守约、护民的商业理念。即使在风云变幻的时代冲击下，他们依然开拓进取，积极支持教育和慈善事业。沈万三是苏商的代表人物。

关于沈万三的传说很多，他的生卒年份皆不可考。

有传说认为沈万三祖籍湖州乌程县南浔镇，出生于长洲县（今江苏苏州）东蔡村。

元朝末年，沈万三随父迁徙到苏州周庄，躬耕起家。因帮助商人陆道源理财，取得财富。致富后，以苏州为主要经商地，生意范围遍及茶叶、丝绸、田宅等，同时全力开展海外贸易活动，迅速积累资本，一跃成为江南首富。

明朝初年，沈万三捐资重修长城和南京城，受到明太祖猜忌，充军发配云南。流放期间，他在茶马古道再次经商，重获生机。去世后安葬于周庄银子浜。

家喻户晓的苏州名菜“万三蹄”起源于沈万三。据说当年朱元璋为了刁难沈万三，提出要吃猪蹄。但当地做的猪蹄口感非常硬，需要用刀切开才能食用，但在皇帝面前又不能动刀。所以，沈万三把做好的猪蹄拿回家，用小火把猪蹄炖得非常酥软，一碰就可以把猪蹄分开。然后，沈万三请皇帝皇后吃饭，朱元璋有意加害沈万三，突然指着猪蹄对他说：“这是什么菜？”如果沈万三回答是“猪蹄”的话，“猪”和“朱”同音，那就等于吃皇帝的脚，等于给皇帝定他死罪的借口！沈万三灵机一动，赶紧改口说：“这是‘万三蹄’，请皇上品尝。”沈万三化解了危机。从此，这道菜改名为“万三蹄”。

（三）传统产业

1. 苏绣

苏绣是中国四大名绣（苏绣、蜀绣、湘绣、粤绣）之一。据说2500年前吴国定都苏州时，当地的丝织品和养蚕业非常发达，刺绣开始流行。传说仲雍的孙女“女红”首制绣衣。当时，周太王的儿子太伯、仲雍来到今苏州一带建立吴国，当地人有“断发文身”的习俗。仲雍认为这种习俗比较野蛮，所以当他做了吴国君主后，和长老们商议如何破除这种陋习。正在缝衣的女红无意听到了他们的议论。她边缝边听，一不小心，针扎到了手，一滴鲜血顿时染到了衣布上，渐渐化成小花。于是女红有了灵感：把蛟龙图案绣在衣服上来替代文身。为了纪念刺绣的发明者，民间至今仍将妇女从事纺织、缝纫、刺绣等活动称为“女红”。

清朝末年，被称为“绣圣”或“针神”的刺绣艺术家沈寿（1874—1921年）出生于苏州。她广泛吸取刺绣长年沉淀的精髓，并引入西方艺术的透视和立体感等特点，发明了新刺绣方法。

苏绣以苏州高新区的镇湖镇刺绣最为有名。镇湖是苏绣的主要发源地，苏绣中的八成产品来自镇湖。

1986 年，苏州市在景德路的明代建筑王鏊祠堂内建立了中国苏绣艺术博物馆，里面陈列了自汉代至今的绣品二百余件。

2006年，苏绣经国务院批准列入第一批国家级非物质文化遗产名录。

2. 茶叶

碧螺春是中国名茶，产于江苏省太湖岛洞庭山。据说有一故事：清代康熙南巡时饮过此茶，当时苏州语茶名为“吓煞人”（意为茶香到吃惊程度），康熙认为此名粗鄙，因其呈绿色、螺旋形状、香气扑鼻，故直接命名为“碧螺春”。之后被选作宫廷用茶而闻名。其叶背上有白毛，据说白毛越多，品质就越好。

三万昌茶馆始创于清咸丰五年（1855 年），是苏州的茶业老字号。始创人为苏州人氏盛尧明。字号“三万昌”，意喻为“绵绵不绝，繁荣昌盛”。

汪瑞裕茶号始创于乾隆年间，位于观前街正门，被称为姑苏茶叶行业老字号中的翘楚，1966 年更名为春蕾茶庄。

3. 医药

苏州历代名医辈出，从周代至今，有记录的名医千余家。吴中医家以儒医、御医、世医著名，形成了独具特色的医学流派——吴门医派。吴门医派名医雷大升（字允上）于清雍正十二年（1734 年），在苏州的七里山塘畔古城阊门边设立了“雷允上诵芬堂”老药铺，并以“雷允上”之名坐堂行医、配制方药，雷允上药业从此问世。

近 300 年来，雷允上药业秉承“允执其信、上品为宗”的企业理念，选地道药材，遵古法炮制，博采众长，创制了一批批功效显著的名药。尤以“六神丸” 为代表的中成药是吴门温病学派治病用药的经典体现，该药以六味名贵中药配制而成，能消肿解毒、清热止痛，服用后六神安宁，故名“六神丸”。雷允上独创的“六神丸”被誉为中华国药的瑰宝，曾三次蝉联国家质量金奖，2008 年雷允上“六神丸”的制作技艺被认定为国家级非物质文化遗产。

（四）观光产业

1. 自然和人文景观

（1）孙武纪念园

苏州是兵圣孙武的第二故乡，相城区是孙武的归隐终老之地。2014 年 12 月，相城区以孙武墓为基础开工建设孙武纪念园。

孙武纪念园总占地面积约 85000 平方米，建筑面积 4000 多平方米，由滨河漫步区、市民健身区、纪念广场区、湿地栈桥区、孙武文化区、休闲茶室区等板块组成，既是传统文化纪念场所，亦是对公众免费开放的城市公园。

孙武纪念园建有 13 米高的孙武铜像，寓意《孙子兵法》13 篇。孙武文化区和休闲茶室区集中展示孙武文化。孙武文化收藏展，展出了从全球各地收集来的 300 多件各类孙武文化收藏品。

（2）寒山寺

这是一座历史悠久的寺庙，始建于南朝梁武帝天监年间（502—519 年）。初建时，该寺取名为“妙利普明塔院”。唐代著名诗僧寒山曾住于该寺，唐代著名高僧希迁禅师于此创建伽蓝，所以改名为寒山寺。让这座寺庙名声远播的却是唐代诗人张继的一首《枫桥夜泊》：“月落乌啼霜满天，江枫渔火对愁眠。姑苏城外寒山寺，夜半钟声到客船。”

寒山寺位于苏州枫桥镇，属于禅宗中的临济宗。寒山寺占地面积约 1.3 万平方米，建筑面积 3400 余平方米。几经烧毁，最后一次重建在清光绪年间。大殿前院两侧的 6 棵五针松，这些树原生长在日本爱媛县，是日本爱媛县各界访华团于 1976 年栽种的。

（3）阳澄湖

阳澄湖位于苏州城东北 5 千米，是太湖平原上第三大淡水湖。阳澄湖水产资源十分丰富，盛产 70 余种淡水产品，其中，白鱼、鲢鱼、清水虾、大闸蟹是“湖中至宝”，特别是这里的阳澄湖蟹，被称为蟹中之冠，并被出口到世界各地。日语中其被称为“上海蟹”。蟹的肥美与阳澄湖的生态环境有关：水域方圆百里，碧波荡漾，水质清纯，水浅底硬，食饵丰盛，气候适宜，是螃蟹生长最理想的水域。所以，阳澄湖蟹的形态和肉质，在蟹类中属于翘楚。

近年，阳澄湖高速服务区受到追捧，被称为“中国最美服务区”。此服务区于 1996 年 6 月投入运营；2018 年 6 月，阳澄湖服务区开始进行改造；2019 年 7 月 18 日，完成改造投入运营。

阳澄湖服务区以“交通＋旅游”“交通＋文化”为发展理念，整体以“梦里水乡，诗画江南”为设计理念，借鉴苏州“一街三园（观前街、留园、狮子林、拙政园）”的特色，建涵碧、荷风、木樨、修竹四座园林；建景观河道贯穿服务区主楼，在河道两侧建造古街，仿建江南百年古桥并将其架设于河道之上。另设置科技体验馆、飞豚数码馆、非遗展示馆、蟹文化博物馆等。

2. 食文化

据传说苏州菜起源于公元前 6 世纪，菜品用料上乘、鲜甜可口、讲究火候、浓油红酱。不仅选料考究，更是制作精细，四季各有特色。其烹调以炒、炖、蒸、煮为主，讲究调制汤汁。特色菜肴包括姑苏卤鸭、蟹粉豆腐、腌笃鲜（冬笋咸肉鲜猪肉炖煮汤）、阳澄湖大闸蟹、太仓肉松骨头等。

（1）松鼠鳜鱼

松鼠鳜鱼是苏州菜中的传统名菜。相传清代乾隆皇帝下江南，一次南巡至苏州，微服来到松鹤楼，要吃供桌上的元宝鱼（鲤鱼）。店主无奈，为避让宰杀“神鱼”之罪，遂把鱼烹制成松鼠状，又与店名中“松”字相联系。乾隆食后甚是满意。我国民间常以“鲤鱼跳龙门”来表示吉庆，因此后来就改用鳜鱼。自此“松鼠鳜鱼”流传于江南。

（2）阳澄湖大闸蟹

阳澄湖大闸蟹蟹身不沾泥，俗称清水大闸蟹；体大膘肥，青壳白肚，金爪黄毛，肉质肥腻。农历九月食雌蟹、十月食雄蟹。煮熟后，雌者成金黄色，雄者如白玉状，滋味特鲜美。蟹料理也是药膳，据《本草纲目》记载：螃蟹味咸、属寒、有小毒，归经入肝、胃，具有舒筋益气、消食、通经络、散诸热、散瘀血之功效。

二、无锡商人

（一）区域简介

无锡是太湖文明的发源地之一，有文字记载的历史可追溯到商朝末年。公元前 11 世纪末，周太王长子太伯让位于三弟季历，偕二弟仲雍来到江南，定居梅里（今无锡梅村），筑城立国，自号“勾吴”。

无锡之名最早见于《汉书》，相传公元前 770 年前后，惠山东侧发现了锡矿。锡在当时是冶炼青铜器的原料，于是抢夺之战持续了几百年。战国末期锡矿已大幅减少。公元前 224 年，秦始皇大将王翦在锡山发现一块石碑，上刻有：“有锡兵，天下争；无锡宁，天下清”。“无锡天下宁”表达了人民渴望安宁太平的生活，“无锡”的名字流传下来，并成为城市的名称。

当今无锡，是江苏省辖地级市，长三角地区中心城市之一。截至 2021 年，全市下辖 5 个区（新吴区、滨湖区、梁溪区、锡山区、惠山区）和 2 个县级市（江阴市、宜兴市）。根据第七次人口普查数据，截至 2020 年 11 月 1 日零时，无锡市常住人口为 7462135 人。无锡境内以平原为主，零星分布着一些丘陵；属亚热带湿润季风气候区，四季分明。

无锡是国家历史文化名城，自古就是鱼米之乡。无锡是中国民族工业和乡镇工业的摇篮，商业发达，2018 年被评为中国创新力最强的 30 个城市之一、中国最佳旅游目的地城市第 17 名。

（二）无锡商帮文化及代表人物

近代锡商文化产生于晚清的洋务运动，无锡人薛福成、徐寿等洋务运动实践者创立了我国最早的机械工业，推动中国社会由封建农耕社会向近代资本主义社会转型，加快了中国民族工业的发展。

近代无锡商文化独特而灿烂。锡商在传统的儒商文化基础上吸收了西方资本主义的先进成分，洋为中用，中西合璧。锡商秉承爱国、自由、民主的商业精神，投身于实业报国之列。对锡商来说，爱国、真诚、勤俭、守信是基本商德；受新思想熏陶的锡商更懂得审时度势、谦让包容、开拓创新。

锡商把西方企业制度与家族企业相结合，成功发展出现代企业制度。锡商文化的兴起和发展，不仅推动了无锡当地经济社会生活的发展，也影响了上海等地的工业发展。可以说，近代锡商承担起实业兴邦、产业报国的历史责任，在一定程度上推动了近现代中国经济社会的发展。锡商的代表人物有荣宗敬、荣德生等。

荣宗敬（1873—1938 年）、荣德生（1875—1952 年）为荣氏家族企业创始人，无锡荣巷人，是中国最大民族资本家之一。荣氏兄弟出生时，荣氏家族开始没落，荣氏兄弟不得不外出去钱庄当学徒，短短几年，荣氏兄弟就在创业路上迈出了第一步。1896 年，其父与人合资开设钱庄，荣氏兄弟任经理，赚钱后又投资实业。到 1922 年止，全国各地荣氏兄弟经营开设的面粉厂共有 12 家，面粉畅销全国，其中“兵船”牌面粉，更是远销海外。荣氏兄弟因此成为中国有名的“面粉大王”。1915 年荣氏兄弟出资在上海等地创办纺织公司。荣氏兄弟因此又被誉为中国的“棉纱大王”。

19 世纪末至 20 世纪初，以荣氏家族为代表的一批锡商实业家，以“国家兴亡、匹夫有责”为己任，先后在重庆、成都、宝鸡、广州等地兴建实业。1936 年，无锡仅薛家永泰丝厂出口的生丝就达 2.5 万包。在薛氏永泰的引领下，无锡丝业超过上海、广东，居全国第一，无锡成为名副其实的“丝都”。锡商在丝业、面粉业和纺织业三大行业中居全国同行业前列。

（三）传统产业

1. 米市

无锡自古就是稻米高产区，也是稻米集散地。唐、宋时期，京杭大运河的开通为无锡带来了便利的水路交通，无锡便成了江南官粮漕运路线上的一个重要据点。据《明史》记载，朱元璋为充实战备物资，实施“广积粮”计划，在江南各地设置许多粮仓，其中包括无锡，主要用以储存并转运粮食。粮食征收由苏州、松江、常州、嘉兴、湖州承担，而嘉兴、湖州的粮食经常自备不足，要在无锡等集齐后再运往淮安入仓。因此，无锡盛产优质大米之名传遍四方。清初无锡的粮行有三四十家；20 世纪初，粮行已增至 140 家。根据 1934 年无锡工商界的统计，当时无锡的粮行共有 307 家。

随着时代的变迁，无锡米市一度衰退、消失。在改革开放政策的鼓励下，无锡米市再次出现。近几年，随着粮食成交量的急剧增长，无锡米市仍居中国四大米市之首。

2. 工业

1895 年，杨氏家族的杨宗濂、杨宗瀚兄弟回乡创立官督商办的业勤纱厂，取古训“业精于勤而荒于嬉”之意。业勤纱厂的成立标志着近代工商业在无锡兴起，杨氏成为无锡第一个创办企业的工商业家族。杨家子孙杨翰西，在参与管理业勤纱厂后，于 1917 年创办电话公司，从此开启无锡的现代通信业。

至 20 世纪二三十年代，无锡形成了棉纺织业、缫丝业、粮食加工业等三大支柱产业，并相继崛起了以杨、周、薛、荣、唐蔡、唐程六大家族集团为龙头的民族工商业群体。到 1937 年，无锡工业产值居全国第三，仅次于上海、广州，成为中国民族工商业的发祥地，带动了无锡各领域的繁荣发展。

到 20 世纪 30 年代，无锡丝厂总数，蚕丝产量、品质和出口的吨位，均居国内榜首，同期无锡传统的米码头年成交量高峰期达 1300 万石，居全国四大米市之首。1936 年全无锡有 315 家工厂，工业生产总产值 7726 万元，仅次于上海，居全国第二位，无锡成为江南近代工业中心城市，是中国六大工业都市（其他城市为上海、天津、武汉、广州、青岛）中唯一以民族工商业为支柱的城市，获得了“小上海”的美誉。

3. 宜兴陶瓷

宜兴陶瓷历史悠久，早在7000多年前，就有了从事农业和制陶业的原始居民。东汉时期，宜兴的窑厂已有相当的规模；两晋时在宜兴均山烧制青瓷；晚唐、五代宜兴窑成为著名青瓷窑；宋、元时期，丁蜀与西渚一带烧制日用陶器和早期紫砂；明清时宜兴成为当时的烧陶中心；明代，宜兴紫砂器闻名于世，并出现不少制壶名家。宜兴陶矿蕴藏量丰富，具备发展陶瓷业的良好条件。

在宜兴紫砂器中，最受称赞的是紫砂壶。紫砂壶是中国特有的手工制造陶土工艺品，其制作始于16世纪早期，制作原料为紫砂泥，紫砂泥的原产地在宜兴丁蜀镇。紫砂壶的兴盛与饮茶风尚的盛行有着极为密切的关系。用紫砂壶泡茶能保持原味，茶叶不易变质，紫砂壶具有传热缓慢不易烫手等优点。

江苏省最大陶瓷城——“中国陶都陶瓷城”2008年11月16日在宜兴落成。该陶瓷城和中国宜兴陶瓷博物馆、古龙窑遗址公园形成一体，成为宜兴特色文化旅游地。

中国宜兴陶瓷博物馆是国内最早成立的专业性陶瓷博物馆，展厅荟萃了3万余件宜兴生产的古今名陶精品，被誉为“五朵金花”的紫砂、青瓷、均陶、彩陶和精陶可以在此一览无遗。馆内藏品系统地反映了宜兴陶瓷的发展历史，常年陈列的陶瓷产品达8000余件。全馆分设了古陶、名人名作、紫砂、精陶、彩陶、均陶、青瓷等 16 个展厅。如今，该博物馆已成为宜兴的特色地标。

（四）观光产业

1. 自然和人文景观

（1）灵山大佛

灵山地区的历史可追溯到 1000 多年前的唐代，相传玄奘西天取经归来，游历到此，看见群山层峦叠翠，景色优美，大为赞赏，曰“无殊西竺国灵鹫之胜也”，于是就给此山起名小灵山。

坐落在无锡小灵山上的便是世界上最高佛祖青铜立像，规模宏大、十分壮观。大佛通高 88 米，其中佛体高 79 米，大佛的每个手指的直径就有 1 米。大佛位于灵山胜境景区最内侧，从大佛前广场到大佛脚下需走 288 级台阶。

瞻仰大佛时，无论游客走近走远，走左走右，大佛的眼神似乎总在注视着你，感觉奇妙无比。有电梯通往佛脚旁边，游客可以前去抱抱佛脚，意为给自己抱个平安。

（2）鼋头渚

鼋头渚位于无锡市西南方向，地处太湖西北岸，据说因该地区的半岛形状似神龟而得名。

早在南朝梁（502—557 年）时，鼋头渚已建有“广福庵”，为南朝四百八十寺的其中一处。明代以前，鼋头渚的茂林修竹、悬崖峭壁、摩崖石刻，同太湖水辉映成趣，被认为是无锡境内的“桃花源”，历代文人雅士在此留下了众多的诗词。

20 世纪初，许多社会名流、达官贵人在鼋头渚附近建造私家花园和别墅。民国初年，无锡人杨翰西在此购得 60 亩山地，并于 1918 年开始营建鼋头渚公园；1924 年他又拨地将后山的广福庵迁于此，更名为广福寺；1925 年，杨翰西筹建“陶朱阁”。鼋头渚曾是蒋介石的私家园林，堪称“无锡第一胜景”。

1934 年，荣德生老先生利用 60 大寿在蠡湖上架起了一座长达 375 米的长桥，取名“宝界桥”。这座桥将梅园、蠡园和鼋头渚等景色连成一片，便于游人参观。桥下设计了 60 个桥孔，以喻荣德生老先生 60 大寿。

（3）南禅寺

南禅寺位于无锡老城南隅古运河畔，是江南古名刹之一，始建于梁武帝年间，初名护国寺，为南朝四百八十寺之一。因无锡古称“梁溪”，故将该寺也称为“梁溪大刹”。到唐朝改称灵山寺。北宋天圣年间（1023—1032 年），宋仁宗赐名灵山寺为“福圣禅院”，因“福圣禅院”位置偏南，因此老百姓按其地理位置将该寺俗称为“南禅寺”。由北宋皇帝赵佶赐塔名的“妙光塔”建于北宋雍熙年间，历经元、明、清多次劫难，现存的妙光塔为明正统年间（1436—1449 年）所建。妙光塔系楼阁式砖塔，八角七层，总高 43.3 米，檐角悬挂铜制铎铃。南禅寺周边地区现在是布满杂货店的商圈，其建筑设计与南禅寺外观相得益彰。

（4）惠山古镇景区

惠山古镇景区分为文物古迹区、锡惠名胜区、历史文化街区和山林保护区四个游览区。景区面积 3.5 平方千米，其中核心区面积 1.09 平方千米。

锡惠名胜区是国家重点公园，惠山老街被评为中国历史文化名街，惠山祠堂群被收录进中国世界文化遗产预备名单。惠山古镇景区著名的景点有良渚锡山原住民遗址、战国时春申君喂马处、南北朝惠山寺庭园林、唐代天下第二泉、宋代金莲桥、明代古园寄畅园、唐代至民国的 108 座祠堂、园林和阿炳墓地，以及专一植物品种园林——中国杜鹃园。惠山古镇景区是人材辈出的地方，是江南山麓水乡古镇的典型代表。

惠山泥人是无锡三大著名特产（阳山水蜜桃、惠山泥人、三凤桥酱排骨）之一。据说惠山东北坡山脚下黑泥细腻柔软，非常适合“捏塑”。惠山泥人始于南北朝时期，距今已有 1000 余年的历史。明代时期非常盛行，明末清初开始出现专业泥人作坊。20 世纪 30 年代，惠山泥人工艺吸收石膏制作技法，自此产生石膏工艺泥人，惠山泥人艺术也因此形成独特风格，逐渐发展成无锡一大特色产品。中国泥人博物馆在位于无锡惠山古镇的原无锡惠山泥人厂旧址。

2. 食文化

太湖为我国第三大淡水湖，自然条件优越，气候温和，雨量充足，物产特别丰富，水产品种多达 30 多种，其中以银鱼、蟹、白虾最为有名，莲藕、茭白、水芹等水生植物也深受喜爱，这些食材为当地的美味佳肴提供了保障。

（1）惠山油酥

惠山油酥原名“重油烧饼”，是无锡著名特产。惠山油酥采用纯素油、精白粉、芝麻、果仁、瓜丝等原料，经烘制而成。相传元末明初，由惠山寺僧人创制，因其形状似寺内“四大金刚”塑像的肚脐，被僧人誉为“金刚肚脐”，此名一直沿袭至今。

（2）无锡酱排骨

无锡酱排骨是传统无锡名菜，其色泽酱红，肉质酥烂，骨香浓郁，汁浓味鲜，咸中带甜，充分体现了无锡菜的传统风味，是一道历史悠久的地方特色风味菜。其中最为著名的三凤桥酱排骨，至今已有近 140 年历史，为无锡著名的特产之一。

（3）刀鱼面

刀鱼作为“长江三鲜”（河豚、鲥鱼和刀鱼）之一，肉质鲜美，肥而不腻，具有极高的营养价值。刀鱼面是无锡江阴市的特色小吃。江阴刀鱼面细腻耐嚼，鲜美无比，如再配上火腿丝、蛋皮丝、蒜叶末，更是让人垂涎三尺、回味无穷。

（4）江阴黑杜酒

江阴黑杜酒是南方糯米酒制品中的名品，相传为杜康所创。该酒视之如胶墨，闻之香味浓郁，入口甜而不腻，饮后补血健脾，为孕妇产后调经活血的补酒。酒中富含氨基酸、蛋白质及多种微量元素等，利于吸收，具有理气养血、舒筋活络、健脾开胃等作用。生产该酒的酒厂被评为无锡非物质文化遗产传承企业，并于 2013 年正式荣获地方首批老字号称号。

第六章 徽　商

一、区域简介

古徽州历史悠久，古徽州建郡之始迄今近两千年。它地处皖、浙、赣三省交界，以今天黄山市为中心，包括历史上的徽州府下辖六县，包括歙县、黟县、绩溪、婺源、祁门、休宁，古徽州府在歙县。徽州属湿润性季风气候，温和多雨，四季分明；年平均气温 15 ~ 16 摄氏度，降水集中于 5—8 月，水热资源丰富，空气清新，终年云雾缭绕，适宜茶叶、林木、果树及农作物的生长。

古徽州历史上涌现了许多知名文人和商人，如江户朱子学派开创者藤原惺窝所尊崇的中国著名教育家、思想家、理学家程颢、程颐和朱熹的祖籍都在徽州，他们主张“天理是万物的本源”，强调“忠孝节义”，这些思想对徽州文化的形成起到了积极推进作用，对徽州商人、文人墨客、手艺人、民俗表演等都有不同程度的影响。如今徽州文化已成为一门相对独立的“徽学”，与敦煌学和藏学一起被称为中国三大地方显学。

徽州的民俗表演文化非常兴盛。其代表艺术傩舞，是研究中国古代舞蹈艺术史的“活化石”，舞者戴着各种质朴而夸张的木雕面具，脸谱生动。徽州傩舞始于汉代，最早是一种祈福和祷告的仪式，所以带有一定的巫术色彩。2006 年 5 月，傩舞经国务院批准列入第一批国家级非物质文化遗产名录。

其他的民间游艺，如目连戏（一般都是劝人为善，敬重佛祖，孝敬双亲等方面的佛教戏曲）、叠罗汉（由若干人互相配合，组成各种造型。最早由盘腿而坐的罗汉搭配造型，故名“叠罗汉”）、仗鼓舞（庆祝胜利的舞蹈，国家级非物质文化遗产之一）等。

二、徽商文化及代表人物

徽州商帮文化非常发达。徽州是徽商的发祥地，徽州地区由于土瘠人稠，农耕经济不发达。徽州曾有民谣唱：“前世不修，生在徽州。十三四岁，往外一丢。”所以，男孩们只能选择入仕或是外出经商。明清时期，徽商富豪辈出，称雄中国商界 500 多年。徽商深受儒家思想影响，因此他们将儒学中的“仁义礼智信”作为接人待物的行为准则。代表人物如：

（1）张小泉

剪刀创始人张小泉是明崇祯年间徽州黟县人。他自幼随家父张思家学习刀艺，后到杭州生产祖传剪刀。由于采用浙江龙泉优质钢作原料，并对传统技术进行改进和创新，打造出的剪刀均匀精细、刀口锋利、开闭自如，成为一些专业手艺人如裁缝、锡匠、花匠等慕名前来定制的剪刀。为了满足各行业的需求，又成功打造鞋剪、袋剪、裁衣剪、整枝剪、猪鬃剪等多个品种。现在，“张小泉”剪刀依然以三百多年历史的老字号店铺闻名于世。

（2）胡雪岩

人称“红顶商人”的胡雪岩（1823—1885 年），出生于徽州绩溪，清代后期中国盛传一句话：“经商要看胡雪岩，为政要读曾国藩。”胡雪岩白手起家，凭借其卓越的生意头脑，在全国各地设立钱庄、办船厂、倒生丝，被称为“活财神”，利用其政治才华，帮助官府采供军火等。1874 年他在杭州创立的“胡庆余堂”中药店，以“真不二价，戒欺百姓”为立业根本，赢得“江南药王”之美誉，“北有同仁堂，南有庆余堂”之说传承至今。

三、传统产业

（一）茶叶

徽州自古出名茶，古徽州各县都有自产的茶叶。如今徽茶的代表有黄山毛峰、祁门红茶、茗洲炒青、屯溪绿茶、婺源绿茶、休宁松萝茶等。

1. 休宁松萝茶

休宁松萝茶被誉为徽茶始祖，产于休宁县松萝山，创制于 400 多年前，是中国著名的药用茶。1930 年由卫生报馆编辑部赵公尚主编的《中药大辞典》记载：“松萝茶，木类，产地徽州，功用：消积滞油腻、清火、下气、降痰。”[①]18 世纪休宁松萝茶深受英国贵族们的喜爱。松萝茶区别于其他名茶的显著特点是“三重”：色重、香重、味重，有“七杯犹香”之说。2012 年 1 月 18 日起，松萝茶被认定为国家地理标志保护产品。

2. 黄山毛峰

黄山毛峰是中国十大名茶之一，属绿茶，19 世纪中后期由谢裕大茶庄创制。此茶产于黄山风景区海拔 500～1000 米的高山，该地区气候温和湿

①卫生报馆编辑部. 中药大辞典[M]. 上海：上海交通大学出版社，2018：191.

润、雨量充足，生态环境适宜茶的生长。1986 年黄山毛峰被外交部定为招待外宾用茶和礼品茶；同年，在全国名茶评比会上，荣获全国名茶桂冠。

3. 祁门红茶

祁门红茶是中国十大名茶之一，至今已有 100 多年历史，国际市场把徽州祁门红茶、印度大吉岭红茶和斯里兰卡乌伐季节茶并称为世界三大高香茶。1875 年，祁门人胡元龙借鉴福建红茶制作经验，把祁门传统的绿茶成功改制成红茶，并设置茶厂进行生产。祁门红茶色泽乌润、香味持久、口感鲜醇，1915 年荣获巴拿马万国博览会金奖，曾为英国皇家最喜爱的饮品，现在出口至英国、荷兰、德国、日本、俄罗斯等几十个国家和地区。

徽州盛产茶叶，经营茶叶理所当然成为徽商的主要行当之一。徽州种茶始于南朝，至唐代这里已成为全国著名的产茶区，并逐渐成为茶叶销售的集散地。明清是徽茶的鼎盛时期，世代经营茶业的专业茶商也有不少，他们在上海创立的“汪裕泰”“程裕新”茶号如今已是老字号店铺，吸引着来自全国各地的茶客。

（二）徽州三雕

徽州三雕是指具有徽派风格的木雕、石雕、砖雕三种民间雕刻工艺的统称。

1. 木雕

徽州是读书之乡，崇尚儒家文化，所以徽州的木雕艺术中融入了许多儒家思想。被列入世界文化遗产的西递、宏村保留下来的明清徽州木雕，也已成为世界文化遗产的一部分，并被载入世界文化史。

2. 石雕

石雕主要指运用圆雕、浮雕、线刻等技法，把花岗石、大理石等天然石料雕刻成各种艺术品和日常用品等。徽州石雕种类较多，主要用于宅祠的廊柱、门墙、牌坊、墓葬等的装饰。徽州石雕主要以青石和茶园石为材料，以动物、花卉、山水、人物等为主要内容。

3. 砖雕

砖雕是在青砖上雕刻出人物、山水、动物等图案，是古代雕刻重要的艺术形式。徽州砖雕源于宋代，随着徽州建筑艺术的发展，明清时期砖雕被广泛用于门楼、门罩、飞檐、屋脊等，是徽州建筑艺术的重要组成部分。

木雕、石雕、砖雕已与徽派建筑巧妙融合、浑然一体。2006 年，徽州三雕被列入第一批国家级非物质文化遗产名录。

（三）文房四宝

自宋朝以来“文房四宝”特指宣笔、徽墨、宣纸、歙砚，为历代文人墨客所喜爱。

1. 宣笔

相传由秦国大将蒙恬发明。据唐代韩愈所著《毛颖传》介绍，公元前 223 年，蒙恬率军南征伐楚，行至宣城境内，发现此地兔肥毛长，于是以竹管为笔杆，兔毛为笔头制作毛笔，世人将之称为“蒙恬笔”，为宣笔的鼻祖。

2. 徽墨

徽墨产生于唐末，由徽州著名墨工奚超和其子奚廷珪共同创制。徽墨采用纯桐油烟、银箔、天然麝香等珍贵药材精制而成，集绘画、雕刻、书法、造型等艺术于一体。1915 年，徽墨获巴拿马太平洋万国博览会金奖。出口日本、韩国等 10 多个国家和地区。2015 年，徽墨被认定为国家地理标志保护产品。

3. 宣纸

750 年前后，在进贡物品中，已有宣城郡生产的纸和笔。宋朝以后，曹氏一支辗转至徽州，开始以青檀皮为原料制作“宣纸”。2002 年，宣纸被认定为国家地理标志保护产品。

4. 歙砚

歙砚是始于唐代的中国四大名砚之一，被视为“天下之冠”。歙石的产地以婺源与歙县交界处的龙尾山下溪涧为最优，其石质非常优良，这种石材至少要经过 5 亿 ~ 10 亿年的地质变化才能形成，所以歙砚又称龙尾砚。宋朝以后，歙砚的雕工更加精致、造型自然古朴、墨汁稠密而润滑。歙砚的图案内涵丰富、生动有趣，成为历代达官贵人的收藏品。

四、观光产业

（一）自然和人文景观

1. 黄山

黄山位于黄山市境内，山境南北长约 40 千米，东西宽约 30 千米，总面积约 1200 平方千米，享有“五岳归来不看山，黄山归来不看岳”之美誉。黄山景区森林覆盖率为 84.7%，是动物栖息和繁衍的理想场所。1990 年，黄山入选联合国教科文组织的世界文化与自然双重遗产；2004 年入选世界地质公园；2015 年，入选世界自然保护联盟（IUCN）绿色名录；2018 年 7 月 25 日，成为世界生物圈保护区网络成员。

2. 齐云山

齐云山古称白岳，风景绮丽，与江西龙虎山、湖北武当山、四川青城山并称中国四大道教名山。与黄山南北相望，素有“黄山白岳甲江南”之美誉。唐代道士龚栖霞隐于此，宋代在此建佑圣真武祠，齐云山遂成为道教中心。文人墨客多有题咏，至今尚存碑碣及摩崖石刻 1400 余处。齐云山被乾隆皇帝题为“天下无双胜地，江南第一名山”。理学家朱熹也曾留下一首赞美诗《咏云岩》。1993 年起，齐云山先后被认定为国家森林公园、国家 4A 级风景名胜区、国家地质公园。

（二）食文化

徽菜独特的口味和文化内涵离不开徽商的财富支撑。徽菜始于秦汉，以经营各种面食为主，受到奔走在外又想念家乡味的徽商们的青睐。19 世纪末，徽菜被视为中国八大菜系之一。徽菜擅长烧、炖、蒸、腌等，河鲜家禽是徽菜的主要食材。传统特色菜品主要有臭鳜鱼、毛豆腐等。

1. 臭鳜鱼

臭鳜鱼也称腌制鳜鱼，相传鱼贩们在运送鳜鱼途中，为防止鲜鱼变质，用淡盐水腌制以保鲜。没想到腌制后的鳜鱼肉嫩鲜美，其表皮散发出一种似臭非臭的特殊气味，烹饪后吃起来很香。臭鳜鱼现已成为徽州著名的传统风味。

2. 毛豆腐

毛豆腐表面覆盖着蓬松发霉的白毛，经过发酵，植物蛋白转化为各种氨基酸，是一道味道比较奇怪的特色菜。因为这些白毛生长在豆腐表面，所以这种豆腐被称为“毛豆腐”。毛豆腐在长出发霉白毛之前需要12℃左右的室温和一周的自然发酵，所以其制作过程受气候的影响很大，而且这种发霉白毛在其他地区是不生长的，毛豆腐是徽州特有的一道菜。发酵好的毛豆腐淋上香油、蒜等辅料，芳香诱人，开胃效果很好。

第七章 赣 商

一、区域简介

江西，简称“赣”，位于中国东南部，在长江中下游南岸。东邻浙江、福建，南连广东，西靠湖南，北毗湖北、安徽，是个名副其实的内陆省。江西以山地、丘陵为主，地处亚热带，季风气候显著，四季变化分明。“物华天宝，人杰地灵”这句话最早是用来形容江西的。

由于水资源较丰富，有全国最大的淡水湖——鄱阳湖，江西是中国江南以水稻为主的重要粮食产区之一。江西的森林覆盖率排在全国第二位，在中国东南部是重要的木材、毛竹产地之一。江西的自然矿产资源也在全国首屈一指，有色金属采冶工业尤为发达，逐步形成了以钨、铜为主体的国家重要有色金属生产基地。此外，省会南昌是中国飞机制造基地之一；瓷都景德镇的制瓷工业历史悠久。

江西是古代书院的起源地，唐代德安义门东佳书院和高安桂岩书院是中国最早设立的书院之一，宋代白鹿洞书院名列中国四大书院之首。江西自古名人辈出，田园诗人代表陶渊明、北宋文坛领袖欧阳修、著名改革家王安石、民族英雄文天祥等都是江西人。

江西还是一片充满红色印记的革命热土。江西之所以被称为“红土地”，既指全省以红壤土为主体的地形地貌，更指江西是重要、著名的革命老区。这里拥有中国革命的摇篮——井冈山、共和国的摇篮——瑞金、人民军队的摇篮——南昌、秋收起义的策源地——萍乡等著名的革命圣地。这些宝贵的红色文化遗产也为江西发展红色旅游提供了重要条件和环境。江西红色旅游已成为全国红色旅游的热点和亮点，成为全国红色旅游发展的“领跑者”。

二、赣商文化及代表人物

赣商，史称江西商帮，又称江右商帮，是我国历史上十大商帮之一，与晋商、徽商等鼎足而立，在明清十大商帮中位居第三。江右商帮讲究贾德，注重诚信，做人质朴、做事认真，善于揣摩消费者心理、捕捉商机。江右商帮是中国古代商帮中最早成形的商帮，也是中国古代实力最强的商帮，称雄中华工商业900多年。在鼎盛时期，其活动地域和范围广布全国。主要经营的行业有粮食业、茶业、木材业、矿业、盐业、造船业等。代表人物包括李宜民、周扶九等。

（1）李宜民（1704—1798年）

李宜民，江西临川人。清康熙末年携笔一支、伞一柄来到桂林，以替人代写文字书信为生。雍正年间，往来于桂林、柳州、太平、镇安等地贩盐。乾隆二十五年（1760年），广西官府奏请将盐由官运改为商运，李宜民承运，并竭力规划，遂致富百万，成为广西最大盐商，享有“临川李氏”盛名。他疏财重义、乐善不倦。他捐资修葺祖祠，购置义田，修建学校和公共场所，引导教育乡民。

（2）周扶九（1831—1920 年）

周扶九，出生于江西吉安庐陵县（今吉安县）高塘乡，凭着盐票发家后，举家迁往扬州，开办盐号和钱庄，并成为扬州最大的盐商。辛亥革命时，周扶九移家上海，在虹庙一带买下大量地皮，成为上海的地皮大王。周扶九在投资大量地皮的同时，还看中了上海的黄金买卖，跻身上海金融市场。地产、黄金生意之外，他还创办了当时中国最大的纱厂——南通纱厂、江西首家纱厂——九江华丰纱厂（后改为久兴纱厂），投资兴建南昌至九江的南浔铁路。周扶九积聚了大量的财富，资产最多时达 5000 万两白银，是民国初期的中国首富。

三、传统产业

瓷器是中国劳动人民的重要发明之一，是其智慧和力量的结晶。江西景德镇市是世界闻名的“瓷都”。这里的陶瓷生产始于汉代；五代时，景德镇以南方最早烧造白瓷之地和其在白瓷烧造上的较高成就而奠定了自己的地位，对于宋代青白瓷的制作及元、明、清瓷业的发展有着极为重要的作用。

景德镇陶瓷以白瓷著称，素有“白如玉、明如镜、薄如纸、声如磬”之称。其中青花瓷又称白地青花瓷，常简称青花，是中国瓷器的主流品种之一。原始青花瓷于唐宋时期已见端倪；成熟的青花瓷则出现在元代景德镇的湖田窑；明代，青花瓷成为瓷器的主流，并在明清时达到顶峰。

中国古代的丝绸之路又是一条陶瓷之路。在中国陶瓷远销海外的一千多年间，销售轨迹和输出方式与人类文明进步的历史惊人的一致——中国陶瓷总是标示和引领着世界经济的变异和文化的繁荣。康熙年间的海外市场除了欧洲，还有日本。因此外销瓷不仅有西洋审美，还模仿了日本瓷器。江户时代（1603—1868 年），日本人通过对景德镇瓷器的学习和引进渐渐形成了自己的风格，比如在瓷器的纹饰上有菊花以及扇形等日本元素的装饰。由于日本当时对外瓷器贸易的港口在伊万里市，当时的日本瓷器又被称为伊万里瓷，而伊万里瓷的出现渐渐也影响了欧洲人的审美。从顺治十二年（1655 年）到康熙二十三年（1684 年）的 30 年期间，清政府实施的海禁政策导致中国与欧洲市场处于中断状态。而日本伊万里瓷迅速崛起，并占据欧洲主要市场。待中国重新开海以后，为了重新恢复市场，将日本瓷器的一些元素应用到了自家瓷器上，形成了中国“伊万里”。

四、观光产业

（一）自然和人文景观

1. 井冈山

井冈山位于江西省吉安市井冈山市，是集人文景观、自然风光和高山田园风光为一体的山岳型风景旅游区，汇雄、奇、险、峻、秀、幽的自然风光特点。井冈山景观分为八大类：峰峦、山石、瀑布、气象、溶洞、温泉、珍稀动植物及高山田园风光。井冈山还是土地革命初期中国工农红军革命遗址最集中的地方。保存完好的革命旧居旧址中有国家级重点文物保护单位 10 处，省级重点文物保护单位 2 处，市级重点文物保护单位 17 处。

2. 庐山

庐山位于江西省九江市南，北濒长江，东接鄱阳湖，面积为 302 平方千米，群峰间散布着众多的壑谷、岩洞、瀑布、溪涧，地形地貌复杂，素以“雄、奇、险、秀”闻名于世，有“匡庐奇秀甲天下”的美誉。庐山无数次出现在文人墨客的诗词歌赋中，其中以苏轼一句“不识庐山真面目，只缘身在此山中”最为著名。山中的青山绿水、飞瀑、日出，还有近代别墅，引得不少游人来此一窥“庐山真面目”。此外，庐山还是我国佛教和道教的中心之一，有寺、庙、宫、观多达三百处。

3. 三清山

三清山位于江西省上饶市玉山县与德兴市交界处，平面呈荷叶形，由东南向西北倾斜。因玉京、玉虚、玉华三峰峻拔，如“三清列坐其巅”而得名。世界遗产大会认为，三清山在一个相对较小的区域内展示了独特的花岗岩石柱与山峰，丰富的花岗岩造型与多种植被、远近变化的景观及震撼人心的气候奇观相结合，创造了世界上独一无二的景观美学效果，呈现了引人入胜的自然美。三清山还被《中国国家地理》杂志推选为“中国最美的五大峰林”之一。

4. 滕王阁

滕王阁是江南三大名楼之一，位于江西省南昌市西北部沿江路赣江东岸，始建于唐永徽四年（653 年），因唐太宗李世民之弟——滕王李元婴始建此阁而得名，又因初唐诗人王勃《滕王阁序》而闻名。

滕王阁主体建筑净高 57.5 米，建筑面积 13000 平方米。其下部为象征古城墙的 12 米高台座，是滕王阁的地下室。台座以上的主阁取“明三暗七”格式，即从外面看是三层带回廊建筑，而内部却有七层，分为三个明层、三个暗层、一个屋顶中的设备层。滕王阁自修建之日起至今有 1300 多年的历史，其间经历了 29 次重修，如今的新阁是 1989 年重阳节落成的。

（二）食文化

江西菜又称赣菜，历史悠久，是在继承历代“文人菜”基础上发展而成的乡土味极浓的“家乡菜”。 赣菜由南昌菜、上饶菜、九江菜、赣东菜、赣南菜五大流派互相渗透交汇而成。在烹饪技法上，赣菜注重火候，以烧、焖、炖、蒸、炒为主。在原料选取上突出鱼米山珍，鱼肴显著，擅以米做菜，广取山珍。在味型上，由于环境气候所致，以辣为主；但与川菜的麻辣、湘菜的辛辣、鄂菜的酸辣不同，赣菜的辣是香辣、鲜辣，辣味适中，南北皆宜。

1. 米粉

米粉由水和大米制作而成，在江南很多省份都能见到。而江西粉的韧度堪称一绝，所以较于其他地区的米粉更适合大火翻炒。干米粉事先煮软，洗去米浆，炒的时候下重油，这样才能根根分明，口感爽滑。肉丝、油菜、小米椒和大蒜都是必备配料。南昌、九江、吉安、萍乡、上饶等地都有炒粉，但风味略有差别。

除了炒粉以外，还有汤粉和拌粉。这两种做法多为早餐。汤粉的煮法并无新奇之处，但在配料里加入猪肝或猪血算是江西的特色，而且辣椒作料必不可少。拌粉的做法也很简单，煮过的米粉过一道水，可冷可温，加一点葱花蒜末，少许萝卜干，配一勺辣椒酱，再加一点酱油是最传统的做法。现在店家还会加点花生米和肉末等。

2. 瓦罐煨汤

江西省民间传统煨汤以瓦罐为器皿，采用多种名贵药材，科学配比，精选食材，加以天然矿泉水为原料，置于一米方圆的巨型大瓦罐内，再以优质木炭火恒温传统式六面受热，煨制 6 小时以上。

瓦罐之妙，在于土质陶器秉阴阳之性，久煨之下原料鲜味及营养成分充分融解于汤中，汤汁稠浓，醇香诱人，风味独特，食补性强。汤汁充分吸收中药材的药理成分，达到了食补的最高境界。

3. 浔阳鱼片

浔阳鱼片为九江名肴之首，距今至少有 1800 多年的历史。相传东汉末年东吴名将周瑜屯兵柴桑时，最爱吃柴桑炒鱼片。他的家庭厨师在周瑜夫人小乔的指点下，按照周瑜家乡庐江人爱好的口味，精心制作出一道柴桑小炒鱼片，并命名为“都府鱼片”。后来，“都府鱼片”的烹饪技术流传到柴桑民间，称为“柴桑鱼片”。唐代柴桑更名为“浔阳”，因而又改名为“浔阳鱼片”而闻名江南。

将鱼脊肉劈成 4 厘米长、1.3 厘米宽、0.7 厘米厚的块状，用鸡蛋清、干淀粉、精盐、味精抓匀上浆后煎至两面微黄，再放葱段、姜末煸炒，最后舀入肉汤少许，加味精、料酒、糖、醋、盐，轻颠炒锅，用湿淀粉勾稀芡，淋入小麻油，起锅装盘即成。此菜色泽金黄，光滑油润，肉嫩味鲜，营养丰富。

第八章 鲁　商

一、区域简介

山东省位于中国华北平原东部、黄河下游，省会为济南市。山东半岛突出于渤海、黄海之中，海岸线长达3000多千米，同辽东半岛遥遥相望。青岛、烟台、威海、日照等城市形成的黄金海岸线是中国北方最佳的海滨旅游胜地。中部多山，泰山主峰玉皇顶海拔1545米，为全省最高点。黄河流经山东省西部，于山东省北部注入渤海。

山东省是中国文化重要的发祥地之一，历史悠久，文化繁荣，名人集聚。约5000年前的大汶口文化和龙山文化皆诞生于此。山东省自古以来就是政治、经济、文化中心之一。纵观历史，山东名人辈出，诞生了孔子、孟子两代圣人，是儒家圣地，也是《孙子兵法》的作者孙子、书圣王羲之、三国时期诸葛亮的故里。

山东省与日本有着密切的往来。秦朝时期，秦始皇派遣徐福率领数千人从山东的胶东半岛出发，东渡日本。在现在的山东省琅琊台还残留有当时徐福东渡的遗迹。据说徐福一行最终到达了日本的和歌山县和山口县，这两个县现已与山东省缔结了友好关系。

如今的山东省是中国的经济大省。主要特色产品有青岛啤酒、潍坊风筝、济南的羽毛画、青岛的贝壳画、淄博的美术陶瓷器、山东阿胶、烟台苹果和樱桃等。主要的国际性活动有4月的潍坊国际风筝节、8月的青岛国际啤酒节、9 月的国际孔子文化节和泰山国际登山节等，吸引了众多国内外游客的参加。

二、鲁商文化及代表人物

鲁商在中国历史上兴起较早，始于商周，形成于春秋战国，成熟于两汉，和徽商、晋商、浙商、粤商一起，被公认为中国五大商帮。鲁商以儒家思想为规范，建立了以儒家文化为核心的讲求信用的商业道德体系以及规范的商业行为，即“重义轻利”以及“穷则独善其身，达则兼济天下”等，这是山东商人经营制胜的主要原因。鲁商在明清时期达到了顶峰，其控制了北京和华北的主要贸易，以及东北地区的绸缎布匹、批发零售、餐饮等行业。特别在清嘉庆年间，东北部分地区对关内人开禁，在闯关东人潮中，鲁商日渐增多，并定居于东北。

鲁商的代表性老字号有瑞蚨祥、正阳楼、便宜坊等，代表性人物有魏氏家族的魏肇庆、清末巨商孟洛川、民国纺织巨头苗海南以及在盛京开设天合利丝作坊的单文利、单文兴兄弟等。在现代企业家中，鲁商也是名人荟萃。鲁商创造的独特鲁商文化作为一种具有悠久历史的地域文化，是中国古代商业文化的重要组成部分，为中国古代商业文化的形成做出了突出贡献。

三、特色产业

（一）农业

山东省是中国重要的农业生产区，小麦、棉花、花生等在全国占据重要的地位。山东省还是水果、蔬菜、海产品的重要生产区之一，烟台苹果、莱阳梨、肥城桃子、乐陵小枣等是山东省知名的特产。

其中，山东省寿光市是中国少数几个蔬菜生产基地之一，因大棚栽培技术而闻名，被称为“中国的蔬菜之乡”，年蔬菜生产量超过 400 万吨。寿光的蔬菜批发市场作为中国南北蔬菜的生产与流通的集结点，发挥了重要的作用，承担着蔬菜交易、定价、集中发货等三大功能。山东省的蔬菜也出口日本，日本从山东省进口的蔬菜量达到从中国进口蔬菜量的约四分之一，日本与山东蔬菜产地的联系日益紧密。

烟台盛产苹果和樱桃。烟台从 20 世纪 90 年代开始种植苹果。据统计，2020 年烟台苹果种植总面积 280 万亩，产量 575 万吨。烟台苹果有一百多个品种，其中红富士特别有名。烟台苹果色泽鲜艳，汁多爽口，受到国内外的好评。烟台苹果也大量出口日本和东南亚，与日本联系紧密。近年来，除了苹果，烟台还开始种植经济附加值高的樱桃，取得了很好的经济效益。大樱桃和苹果已经成为烟台的城市名片，誉满国内外。

（二）青岛啤酒

青岛有着沿海美丽的风景以及统一的橙色屋顶建筑，近几十年作为观光城市而受到人们的关注。青岛是国务院认定的国家历史文化名城，也是2008 年北京奥运会的分会场。中国知名的家电厂商海尔集团和海信集团也将总部设在青岛。

1903 年德国和英国的投资家在青岛开设啤酒公司，生产德国啤酒。诞生于 1903 年的青岛啤酒是中国最早的啤酒品牌之一，青岛啤酒采用德国啤酒的制造技术酿制而成，是具有代表性的中国啤酒。青岛啤酒是 2008 年北京奥运会的赞助商；曾在多个啤酒评比大赛中荣获金奖，受到国内外的好评。截至 2022 年底，青岛啤酒在全国拥有近 60 家啤酒生产企业，远销世界 100 多个国家和地区，为世界第五大啤酒厂商。出口日本的青岛啤酒使用世界闻名的崂山泉水，在青岛第一工厂酿造而成。

现在的青岛啤酒口味清淡、口感顺滑，深受消费者喜欢，啤酒已经完全融入了青岛人的生活。参观青岛啤酒博物馆能够了解青岛啤酒的历史，还可以试饮啤酒原浆和纯生啤酒。每年 8 月中旬在青岛举行的青岛国际啤酒节是在国际上深受欢迎的活动，届时会开展丰富多彩的文化活动。

（三）张裕葡萄酒

创立于 1892 年的烟台张裕集团现在已经成长为中国乃至亚洲最大的葡萄酒制造企业，张裕集团的主要产品为葡萄酒、白兰地、香槟酒、保健酒四大系列数百个品种。截至 2018 年 3 月，张裕在全球拥有 13 座酒庄和 21

间工厂，产品远销 70 多个国家和地区。2018 年被国家工商总局授予“烟台葡萄酒”这一国家地理标志证明商标。此外，张裕酒文化博物馆是中国第一座专业酒文化博物馆，向消费者展示了中国葡萄酒文化的魅力，每年都吸引了大量中外游人前来参观。

四、观光产业

（一）自然和人文景观

山东省悠久的历史和丰富的自然资源孕育出了“一山、一水、一圣人”。一山是指被称为天下第一山的泰山，泰山是中国第一个世界文化与自然双重遗产，是历代封建帝王祭天的场所；一水是指济南的趵突泉；一圣人是指儒家创始人孔子。山东省作为旅游观光目的地在国内外深受欢迎。

1. 泰山

泰山位于山东省中部的泰安市，是秦始皇、汉武帝等古代帝王祭天封禅之所，为五岳（泰山、嵩山、华山、衡山、恒山）之首，自古以来就受到中国人的尊崇。泰山有石窟 72 处、瀑布 64 处、泉水 72 处、古树名木 1 万多棵、古遗迹 42 处、古墓葬 13 处、古建筑 58 处、石刻 1277 处、近现代文化遗产 12 处。

泰山山脚下的岱庙是祭祀泰山众神的神圣场所，也是有名的道教圣地。至今庙内古建筑保存良好，能够看到堪称国宝级的宋代巨大壁画以及在石碑上雕刻的文字和绘画等文化遗产。岱庙模仿古代皇帝的皇宫建造而成，城墙高耸，宫殿雄伟，是典型的中国建筑式样。岱庙总面积达 9.6 万平方米，是中国现存最高规格的庙宇建筑之一。岱庙建筑规模宏大，岱庙的天贶殿与故宫的太和殿、曲阜孔庙的大成殿并称为中国三大宫廷式建筑。

泰山以海拔 1545 米的主峰玉皇顶为中心，呈放射状分布。至山顶有约 7000 级台阶，爬山途中能够欣赏到列入世界遗产名录的建筑及珍贵的石碑。途中需要攀登有着 1633 级石阶的十八盘，穿过南天门，再爬 20 分钟左右到达山顶。徒步登山需要 4~5 小时，现在也可以乘坐缆车登顶。玉皇顶上有玉皇庙，从西侧向下俯视，黄河尽收眼底。玉皇庙在明朝时经历过改建，有历代皇帝建的祭坛以及刻有“泰山极顶”的石碑，不禁让人感觉到历史的厚重。玉皇顶亭立峰巅，放眼望去，真可谓“一览众山小”。现在，玉皇顶已是观赏泰山日出的最佳场所，是登高眺望中国美丽山河的绝佳之处。

泰山的四大自然景观包括泰山日出、云海玉盘、晚霞夕照、黄河金带。孔子、杜甫等也踏访过此地，他们置身于壮美的景色中，创作出了流传后世的绝美诗歌。

2. 孔庙

孔子（公元前 551—前 479 年），中国春秋时期伟大的思想家、政治家和教育家。孔子建立的儒家学派对东亚文化以及欧洲的启蒙运动产生了很大的影响。儒家注重德、礼、义，重视上下长幼有序，是自汉代以来中国历代王朝统治的根基。在日本江户时代，儒家文化通过朱子学而在日本普及，对如今的日本社会产生了巨大影响。孔子第一个规范了商人的道德标准：君子爱财，取之有道。即将在 2024 年发行的 1 万日元纸币，其上印制的头像为日本资本主义之父涩泽荣一，他曾为了规范日本商人行为准则亲著《论语与算盘》，可见孔子对日本商人的影响。

山东省曲阜市是春秋战国时期鲁国的国都，也是孔子的故乡，据说这里约五分之一的人口姓“孔”。1982 年被认定为国家历史文化名城。位于曲阜市的孔庙是祭祀孔子及其后裔的祠庙。孔庙与孔子府第孔府、孔子家族墓地孔林合称为“三孔”，是一个巨大的建筑群，1994 年被列为世界文化遗产。曲阜孔庙与南京夫子庙、北京孔庙和吉林文庙并称为中国四大文庙。

孔庙是鲁哀公于孔子去世的第二年（公元前 478 年）为了祭祀孔子而建的。将孔子的旧宅改建为庙，当时的房屋只有 3 间，经过中国历代皇帝的增修扩建，形成了如今宫殿般巨大的建筑群，现有房屋 464 间。在其正殿大成殿中供奉着孔子的神像，孔庙内还保存着记录历代碑文的碑刻 1000 多块，是研究封建社会政治、经济、文化、艺术的重要史料。

孔府是孔子的嫡系居住的府第，是典型的中国封建社会官衙建筑，有厅、堂、楼、房 400 多间，其规模在中国仅次于明清的皇帝宫殿。孔府内藏有自明清以来历代皇帝所赐的官服、日常衣料、历史衣冠以及其他历史文物等。

孔林又称至圣林，是孔子及其后裔的家族墓地。孔林有孔子家族坟冢 10 万余座，作为一个家族墓地，孔林是世界上最古老、规模最大的墓地。周围被高耸的树木所覆盖，仿佛一个自然植物园。

除此之外，“泉城”济南的趵突泉与大明湖、千佛山并称为济南“三大名胜”。趵突泉自 2700 年前的春秋时期开始就享有盛名，深受很多文人墨客的喜爱，清朝的乾隆皇帝称其为“天下第一泉”。山东省还有清朝末期北洋海军基地刘公岛以及养马岛、蓬莱阁、明代戚继光抵抗日本的登州水城、山东西部的水泊梁山、微山湖等自然和人文景观。其中，蓬莱阁与黄鹤楼、岳阳楼、滕王阁并称为“中国四大名楼”，因“八仙过海”的传说以及海面上的海市蜃楼而闻名。

（二）食文化

山东菜被称为鲁菜，是中国四大菜系之首。其历史可追溯到北宋时代，是明清时期的宫廷菜肴，据说是北京菜的原型，也是中国北方菜的代表。现在的鲁菜是由济南、胶南的地方菜发展而来。山东沿海地区由于靠海，多食用海鲜，内陆地区家畜、家禽、蔬菜、淡水鱼种类丰富。山东菜烹饪方法独特，重视食材原本的味道。山东菜味香偏咸，口感柔软，色彩鲜艳，做工精细。常使用透明的白汤，多用葱作佐料。

山东菜的代表性菜肴有德州扒鸡、糖醋鲤鱼、木须肉、油焖大虾等。其中，德州扒鸡是山东省德州市的著名菜肴，有着“天下第一鸡”的称号，德州扒鸡的烹饪技术已经被认定为中国的非物质文化遗产。

此外，还有水饺可以令人一饱口福。饺子是中国的传统美食，发源于山东。其中，鲅鱼水饺是山东沿海地区的特色。将新鲜的鲅鱼肉捣碎，加入少量的猪肉和韭菜，不断加水调制成馅，做成的鲅鱼水饺比一般的饺子个头大，味道鲜美，独具特色。

第九章 晋　商

一、区域简介

山西省地处黄土高原，地势南北狭长，西临黄河左岸，东靠太行山西侧，海拔高度由北向南递减，从最北的大同盆地海拔 1000 米以上，下降到晋南盆地的海拔 400 米左右。全省土地面积中，山地占 73.8%，黄土丘陵地占 11.7%，盆地平原占 14.5%。陆地地表水源十分贫乏，属于旱缺雨地区，因而有“地瘠民贫、十年九旱”之说。在这样的自然环境下，自唐宋以来，随着人口的增加，山西成为一个少地缺粮的省份。

由于人多地少，再加上权贵和地主阶级的剥削，以致山西民众无田可耕，就连当时的皇帝也发出感叹：“闻山西田亦多为权要所占，有一家一口至三十顷者，以致小民无田可耕，徙居阴山之恶地，何以自存？”[①]这一情况历时 300 余年。

到了明朝，人多为患，所产粮又不够食用，生计艰难。为缓解这一矛盾，明洪武到永乐年间，明朝政府多次从山西太原、平阳等地向全国各地移民。明初经洪洞县大槐树迁往全国各地的移民人数达百万人之多，故流移外省的山西人说起他们的原籍时，都说：“若问吾家是哪里，山西洪洞大槐树。”

① 《金史》志第二十八《食货二》。

二、商帮文化及代表人物

在中国明清以来的近代经济发展史上，驰骋欧亚的晋商举世瞩目，山西特别是以太谷、祁县、榆次、平遥等地的商人前辈为代表，举商贸之大业，经营范围包罗万象，夺金融之先声，钱庄票号汇通天下。

晋商是中国较早的商人，其历史可远溯到春秋战国时期。明清两代是晋商的鼎盛时期，晋商成为中国十大商帮之首，在中国商界称雄达 500 年之久。晋商家族不同于一般官绅家族，它是具有商业烙印特征的中国传统文化家族。

晋商中的一位重要代表人物王文显曾经说过："夫商与士，异术而同心。故善商者，处财货之场，而修高明之行，是故虽利而不污。"[①]这番论述不仅点明了经商的不二法则，也道出了为官与为商的基本遵循。在王文显等晋商看来，不论在什么时候、在什么情况下，只要按照这一法则为人处世、入仕经商，必定会做出一番不平凡的事业，强调成功的根源在于"诚信"和"团结"。晋商的代表人物如下。

（1）乔致庸（1818—1907 年）

乔致庸被尊称"亮财主"。他本想通过仕途来光大门楣，但当他刚考中秀才的时候，将他抚养成人的哥哥病逝了，于是他不得不放弃学业，继承家业，承担起理家、理财的重任。乔致庸一向淡泊名利、热爱读书，经营生意虽不是他想做的事也不是他所擅长的，但是他知人善任、宽待员工、为人豁达、做事谨慎，所以人们都愿意被他所用。加之他把"人弃我取，

---

① （明）李梦阳：《空同集》卷 44。

薄利广销，维护信誉，不弄虚伪”的儒家理念用于指导商业经营，十数年后，其祖业包头商号获利倍增，除“复盛公”之外，又增设“复盛全”“复盛西”等多处商号，左右着包头整个市场，因此有“先有复盛公，后有包头城”之说。

除商业外，乔致庸还兼营钱庄、当铺。1884 年又设大德通、大德恒票号。到清末，乔家在国内外各地有票号、钱庄，为中国的金融业发展做出了贡献。

（2）雷履泰（1770—1849 年）

雷履泰是山西平遥县洪保村人。他是日升昌的首任掌柜，首创了山西票号——日升昌票号，所以被认为是中国票号的创始人。日升昌票号是中国历史上的第一家私人金融机构，素有“汇通天下”之誉，其支行遍及全国各大城市，是现代银行的鼻祖。

三、传统产业

（一）煤化工产业

山西省矿产资源十分丰富，以煤矿、铝土、铁矿等为最。山西的煤炭资源得天独厚。据考证，山西地区煤炭的最早记载可见于《山海经》。早期用于取火、治病、写字等日常生活。宋金时期，煤炭作为重要能源用于手工业、冶炼、烧石灰、烧砖、制陶等。明清时期，煤炭被广泛利用和采掘，许多城镇设立煤店，把煤炭销售到陕西、河南等地区。20 世纪初，山西煤矿开采业实现了近代化生产。

18 世纪中叶，在工业革命的浪潮下，冶金焦炭的需求量大幅增加，煤炭被大量用于冶金用焦和煤气的生产，并在 19 世纪形成了完整的煤化工体系。煤化工是以煤为原料，经化学加工使煤转化为气体、液体和固体燃料等。山西太原是中华人民共和国成立之初建设的三大化工基地之一，煤化工成为山西省的“招牌”产业。山西省利用国际技术提升传统煤化工生产水平、培育和发展化工新材料和精细化工产品；成立劣质煤转化产业基地，生产清洁能源、高档润滑油等系列产品。

（二）山西醋

山西百姓爱吃盐、醋的习惯，历史悠久，区域广泛。这同当地的水土特征、自然气候和多数人以杂粮为主的生活条件有着直接关系：贫乏的餐桌上，全靠盐、醋来调味；艰苦的劳作之后，身体需要大量盐的补充。山西民间百姓的饭菜中用醋量很大，这种饮食习惯是众所周知的。山西“水硬”，即碱性强，加上山西人以杂粮为主，如高粱、莜面等，都是不大好消化的，需借助醋来中和、消化。醋的营养价值颇高，并有一定的食疗作用。山西各地几乎都有自己的名醋，其中“山西老陈醋”味道最好，堪称调味佳品。

（三）山西酒

“借问酒家何处有，牧童遥指杏花村。”唐代大诗人杜牧这一句诗在中国可谓家喻户晓，句中的“杏花村”即指山西杏花村汾酒，该酒已有一千多年的酿造历史，以晶莹透明之色、纯正绵长之香、美味生津之味，被誉为“仙酒”“玉液”“琼浆”，成为山西人之骄傲。山西名酒众多，还有竹叶青、长治潞酒、祁县六曲香酒、蒲州桑落酒、忻州特曲酒、汾雁香酒、午城玉屏酒、垣曲菖蒲酒等。

四、观光产业

（一）自然和人文景观

1. 乔家大院

乔家大院始建于 1756 年，位于祁县乔家堡村，又名“在中堂”，是清代全国闻名的商业金融资本家乔致庸的宅邸。从高处俯瞰乔家大院，似乎是象征吉利的“囍”字。宅院的建筑群设计雄伟、壮观、精致，充分体现了我国清代民居建筑的独特风格，集欣赏、研究和保存价值为一体，有“皇家有故宫，民居看乔家”一说。《大红灯笼高高挂》《昌晋源票号》《赵四小姐与张学良》《乔家大院》等 40 多部影视剧曾在此拍摄。

2. 平遥古城

平遥古城位于山西省中部平遥县内，始建于西周宣王时期（公元前 827—前 782 年），是保存最为完好的四大古城之一，也是中国以整座古城申报世界文化遗产并获得成功的两座古城之一。2015 年，平遥古城成为国家 5A 级旅游景区。

（二）食文化

除山西南部部分地方外，大部分山西人嗜好面食，尤其喜食汤面，这种习惯由来已久。山西绝大部分地区常年干旱多风，历史上的山西人多“日出而作，日落而息”“面朝黄土背朝天”“汗珠子摔八瓣”地辛勤劳作，绝少有饮水啜茗的条件，全靠吃饭时的汤水一并补充；且山西人过去吃饭少有蔬菜，全凭盐、醋相佐，口味明显偏重，从生理上需要大量水分，形成了喜汤食的习俗。山西民间有这样的说法：“吃饭先喝汤，一辈子不受伤。”若是吃干面条，吃完后一定要喝点面汤，“原汤化原食”，据说是传统饮食古训。

1. 刀削面

刀削面是山西最有代表性的面条，堪称天下一绝，已有数百年历史。刀削面起源于元代，是山西一带名声最大、影响最广的面食小吃。刀削面全凭刀削而得名，以刀功和削技的绝妙而被称为“飞刀削面”。刀削面的面条粗细均匀，呈柳叶形，筋软爽口，风味独特。

2. 莜面栲栳栳

莜面栲栳栳是忻州地区的一种面食小吃，专用莜面精心细作、用竹蒸笼蒸制而成。因其形状像“笆斗”，民间叫“栳栳”。莜面栲栳栳作为杂粮小吃，在很多地方受到人们的喜爱。

第十章 秦 商

一、区域简介

陕西省简称“陕”或“秦”，位于中国中部、黄河中游地区，北部横跨黄土高原。由高原、山地、平原和盆地等多种地貌构成，其中黄土高原约占全省土地面积的 40%，地跨黄河、长江两大水系，横跨三个气候带。年降水量较少，昼夜温差较大。陕西是中华民族及华夏文化的重要发祥地之一，西周、秦、汉、唐等 14 个王朝曾在陕西建都。陕西西安（旧称长安）是古代陆上丝绸之路的起点，西汉汉武帝派遣张骞从长安出发出使西域，将中国出产的丝绸运输到中亚、西亚及地中海各国。丝绸之路成为古代连接中西方的商道，扩大了古代中国与西方的经济、文化往来。

陕西是佛教向中国内地传播的首站。汉哀帝元寿元年（公元前 2 年），来自中亚大月氏国的使者伊存在长安向弟子景卢口授《浮屠经》，标志着佛教正式传入中国，也标志着陕西开始成为世界佛教的第二故乡，长安成为千年佛都。陕西为佛教的成长提供了地理、历史、政治、经济、文化等方面的有利条件。陕西的佛教祖庭还起到联结印度、日本、韩国等国的桥梁和纽带作用，增进了古代邻邦间的交往。

陕西在中国现代历史上也扮演了重要角色。1935 年 10 月 19 日，红一方面军长征到达陕北延安吴起镇，延安成了中国革命的圣地，中国共产党在这里领导了抗日战争和解放战争。1936 年 12 月 12 日，张学良与杨虎城在陕西西安发动西安事变，促成国共第二次合作，抗日民族统一战线在陕西形成。

二、秦商文化及代表人物

陕西商帮又称秦商或陕商，是中国按地域亲缘关系最早出现的商帮。秦商在中国历史上曾占据显赫地位，他们在秦汉时期就作为独立自由商人登上了经济舞台，唐代以“帝国商人”的身份傲视天下，明清时期形成了名震全国的商业资本集团，被尊为“西秦大贾”，在中国明清商业史上叱咤风云近五百年之久，为中国西部的初期开发和明清以来陕西经济发展立下了汗马功劳。秦商主要有三大历史贡献：一是丝绸之路，与中外商人一起开辟了通往世界的商业大道；二是陕康藏茶马古道的茶马交易，加深了汉藏民族间的交流；三是走西口，拓展了秦商与外蒙古之间的贸易。秦商促进了民族间经济文化的融合和交流，对稳定边疆、开发边疆意义重大。不辞劳苦、立志经营的创业精神和恪守本职、坚韧不拔的敬业精神是秦商取得成功的根本所在。

省会西安古称长安，是古代丝绸之路的起点，历史文化底蕴深厚。西安是十三朝古都，有着 1100 多年的国都史，有着“天然历史博物馆”之称。古代长安是日本遣隋使、遣唐使的最终目的地，后来也成为日本平城京（现奈良）和平安京（现京都）的建设原型。

三、传统产业

（一）农产品

陕西是我国传统农业的发祥地，也是现代特色农业重镇，苹果产业、猕猴桃产业、羊奶粉产业是其特色农业。其中，黄土高原上的千万亩苹果产业带，产量规模超过千万吨；世界最大的秦岭猕猴桃集中产区，种植面积逾百万亩，2021 年总产 129.4 万吨，占世界的 1/3；陕西还是全国最大的奶山羊养殖基地、羊乳加工基地。此外，茶叶等特色产业也在不断增强。2021 年全年，陕西茶叶种植面积和产量分别居全国第八和第十，产值居全国第七，成为陕南农民增收的支柱产业。

（二）中草药

陕西省汉中市是两汉三国文化的主要发祥地，汉中王刘邦在此举兵建立了汉王朝，“汉”这个国名就来源于汉中，汉中也是三国时代诸葛亮等历史上著名人物活跃的舞台。汉中素有“天然药库”之称，是汉江流域历史上中药材的重要集散地，已经成为全国中药材的主产地之一。汉中有药用植物资源 1600 余种，药用动物资源 250 种，名列陕西第一，位居全国第二，主要有天麻、西洋参、山茱萸、杜仲、银杏等。汉中是天麻的原产地，仅 2015 年，汉中天麻年产量为 20 万公斤，占全国 46%以上。汉中的杜仲以其优良的质地和产出量，历来为中药材行业称道，汉中被叫作“杜仲之乡”。

汉中种植的山茱萸在2015年约有1000万株，产量为全国产量的30%左右，质地优良，汉中佛坪县是全国山茱萸三大产地之一。汉中也是国家西洋参三大产区之一。汉中凭借其丰富的中草药资源，大力发展制药产业，出现了汉江药业等一批龙头企业。汉中市与日本的出云市结成了友好城市，中药材也大量出口日本。

（三）文化产业

陕西文化产业以秦腔为代表。秦腔是起源于陕西的地方传统戏剧，形成于秦朝，繁盛于清朝，几经衍变，蔚为大观，2006年列入国家级非物质文化遗产名录。秦腔是中国戏剧之祖，对各地剧种都产生了不同程度的影响。秦腔的剧目有神话、民间故事等，传统经典剧目主要有《和氏璧》《白蛇传》《法门寺》《三娘教子》等。秦腔的表演技艺朴实、豪放，富有夸张性，生活气息浓厚，技巧丰富。秦腔以陕西关中方言为基础，同时融入了汉唐时期的诗、词、曲，形成了秦腔独特的艺术风格，即语调高亢激昂、语音生硬、语气硬朗。秦腔脸谱的绘制风格古典独特，体系完整，与京剧脸谱、川剧脸谱并称中国三大脸谱系统，对国粹京剧脸谱的形成与发展影响深远。秦腔最主要的乐器是板胡，其发音尖细清脆，最能体现秦腔的特色。中国当代著名小说家贾平凹就撰写了以“秦腔”为题的长篇小说，并荣获第七届茅盾文学奖。秦腔以汉族文化为主体，是汉族与其他民族文化融合的产物，是古代丝绸之路上诸民族音乐文化交流的结晶，是中华民族文化宝库中的瑰宝。

四、观光产业

（一）自然和人文景观

1. 华山

华山位于陕西省华阴市，古称“西岳”，与东岳泰山并称，是中国著名的五岳之一。华山地处黄河中游流域，是中华文明的发祥地。据历代学者研究考证，古代华夏文明主要聚集在以华山为中心的方圆 500 千米范围内。“中华”和“华夏”之“华”就源于华山，由此华山有了“华夏之根”之称。这一成果首先被孙中山所引用，创立了“中华民国”。华山是道教全真派圣地，共有道观 20 余座。华山险峻，自古以来就有“奇险天下第一山”的说法。

2. 太白山

太白山是秦岭山脉的主峰，保留有完整的第四纪冰川期的各种地貌形态，分为低山区、中山区、高山区三种地貌类型，特点各异。低山区被黄土覆盖，中山区石峰发育，高山区保留有冰川遗迹。太白山有着丰富的植物资源，各种珍稀的野生动物繁衍生息于此。太白山风景优美，是旅游胜地和道家活动场所。唐、宋以来，许多文人学士登临挥毫，留下了脍炙人口的诗句。

3. 秦始皇陵兵马俑

1974 年，当地农民在挖井时偶然发现了秦始皇陵兵马俑坑，它是秦始皇陵的陪葬坑。1974—1977 年，共发掘出三个兵马俑坑，坑内发现陶俑陶马 8000 件，青铜器 4 万余件。三个兵马俑坑坐西向东呈“品”字形排列。坑内发掘的战马、战车、武器都极具写实性，具有极高的历史价值。一号坑的 6000 多件武士俑以及拉着战车的陶马与实物等身大，表情逼真。秦始皇陵兵马俑坑展现了一个巨大的地下雕塑艺术宝库，反映出当时高超的艺术水平。1987 年秦始皇陵及兵马俑坑被列入联合国教科文组织“世界遗产名录”。秦始皇陵兵马俑是中国文化史上的一个光辉篇章，号称“世界第八大奇迹”，成为反映中国古代辉煌文明的一张金字名片。

4. 大雁塔

大慈恩寺的大雁塔建于唐高宗时期，保存着玄奘法师从天竺带回来的佛经。大雁塔作为现存最早、规模最大的唐代四方楼阁式砖塔，是佛塔这种古印度佛寺的建筑形式随佛教传入中原地区并融入华夏文化的典型物证。其所存石碑上刻有碑文《大唐三藏圣教序》和《大唐三藏圣教序记》，进一步佐证了大雁塔与丝绸之路佛教传播的历史。2014 年大雁塔作为中国、哈萨克斯坦和吉尔吉斯斯坦三国联合申遗的“丝绸之路：长安–天山廊道的路网”中的一处遗址点被列入世界遗产名录。

5. 华清宫

骊山景色秀美，周、秦、汉、隋、唐等历代帝王都在这里修建过行宫别苑，以资游幸。到了唐玄宗时又大兴土木修建华清宫，遂形成了现在保存下来的规模。唐玄宗几乎每年十月都要到此游幸，第二年春天才返回长安。白居易在《长恨歌》中写道：“春寒赐浴华清池，温泉水滑洗凝脂。”华清宫中的“海棠汤”俗称“贵妃池”，专供杨贵妃沐浴所用。除了唐明皇与杨贵妃的爱情故事，华清宫因其亘古不变的温泉资源和西安事变发生地而享誉海内外。华清宫与颐和园、圆明园、承德避暑山庄并称为中国四大皇家园林。

6. 寺庙

西安的青龙寺和大兴善寺是佛教八大宗派之一密宗的祖庭。大兴善寺始建于晋武帝泰始二年（266 年），隋文帝杨坚将大兴善寺作为国寺，是当时长安翻译佛经的三大译场之一。青龙寺极盛于唐中期，是唐朝皇家护国寺庙。日本著名的“入唐八家”中的六家（空海、圆行、圆仁、惠运、圆珍、宗睿）皆先后在青龙寺受法。其中空海（号弘法大师）在青龙寺拜密宗大师惠果为师，学习密宗真谛，后回日本创立了真言宗。西安青龙寺和大兴善寺作为日本佛教真言宗的祖庭，是日本人心目中的圣寺，成为许多日本游客神往的观光胜地。

律宗祖庭西安净业寺位于终南山北麓的凤凰山，建于隋文帝开皇元年（581 年）。律宗有一个名僧——唐朝的鉴真和尚，他是第一位远渡日本并在日本受戒的大师，也是日本律宗的开山祖师。

唐太宗贞观时期创建的华严寺，作为当时长安城的观光地而闻名，很多文人和诗人在此留下了大量的诗句和文章。杜顺法师依据《华严经》在这里创立了华严宗。华严寺是一座雄壮的道场，涌现出了众多名僧，一时成为世界佛教的中心。

东晋十六国时代，后秦皇帝姚兴于弘始三年（401 年）迎接龟兹名僧鸠摩罗什到长安，在逍遥园西明阁翻译经书，后在逍遥园建草堂寺。因为鸠摩罗什在草堂寺翻译了三论宗的经书《中论》《十二门论》和《百论》，所以鸠摩罗什被奉为三论宗的开山之祖，草堂寺也被奉为三论宗的祖庭之一。

大慈恩寺是唐太宗贞观二十二年（648 年），皇太子李治为追念亡母文德皇后而建立的寺院。在当时的长安城，大慈恩寺是最有名、最壮丽的寺院。闻名于世的名僧玄奘在此管理事务和译经场，创立了汉传佛教八大宗派之一的法相宗，因此大慈恩寺被认为是法相宗的祖庭。

香积寺是净土宗的祖庭。唐高宗永隆二年（681 年），为了供奉净土宗开山之祖之一的善导大师，其弟子怀恽建造了香积寺和善导塔。香积寺是中国佛教净土宗创立后的首个活动地。

7. 大佛寺石窟

大佛寺石窟位于咸阳彬州市。咸阳是中国首个封建王朝秦帝国的都城，秦始皇在咸阳统一了中国。咸阳是秦汉文化的重要发祥地，境内文物景点达 4951 处，古遗址数量众多。大佛寺石窟是陕西最大的石窟群，也是丝绸之路重要的地理坐标。大佛寺石窟始凿于北朝时期，寺内有 446 处佛龛，1980 余尊造像，是唐长安附近重要的佛教石窟寺。它真实地反映了佛教文化经丝绸之路传播到中原的辉煌硕果，对于研究中国佛教发展史、雕塑史、建筑艺术史，以及佛教通过丝绸之路在陕西的传播具有重要价值。

（二）食文化

陕西盛产小麦，陕西人以面食为主食。陕西饮食历史悠久，凉皮早在秦朝就有，锅盔则可追溯至周朝，被称为“文王锅盔”。陕西小吃花样多、品种全，多达上千种，肉夹馍、羊肉泡馍、凉皮、锅盔、岐山臊子面等都是大家耳熟能详的陕西名吃。其中，羊肉泡馍暖胃耐饥，素为陕西人民所喜爱，已成为陕西代表性食物；肉夹馍是陕西传统特色食物之一，2016 年

1 月入选陕西省非物质文化遗产名录。陕西菜不仅品种多，而且做工精致、风味独特，成为中国菜中很重要的一个分支。西安著名的美食文化街回民街具有浓郁的清真特色，在这里可以品尝到陕西各种丰富美味的小吃，令人大饱口福。

第十一章 楚　商

一、区域简介

湖北省简称“鄂”，位于长江中游、洞庭湖以北，截至 2022 年末，湖北省全省总面积为 18.59 万平方千米，常住人口 5844 万人，55 个少数民族。

湖北省自然资源丰富。土地面积中，山地占 56%，丘陵占 24%，平原湖区占 20%。湖北地处南北气候过渡带，属亚热带季风气候。光照充足、水资源充沛。除长江、汉江干流外，全省各级河流河长 5 千米以上的有 4229 条，纳入全省湖泊保护名录的湖泊有 755 个，素有“千湖之省”的美誉。湖北山川秀丽，武当山、神农架、长江三峡吸引了众多的游客。湖北物产也非常丰富，是全国重要的粮棉油生产基地，油菜籽、淡水产品产量长期位居全国第一。

汉口从明清起，逐渐发展为重要商埠，成为包括湖北商人在内的各地商人活动的大舞台。明清时，得汉江航运之利，兼居华夏腹地，汉口为中国四大名镇之一，是中国的物资、物流中心。

二、楚商文化及代表人物

湖北的先人是楚人，所以这里的楚商是指湖北商人。楚商的历史，要从两千多年前的楚国说起。先秦时期的楚国，有着繁华的都市，都市里面店铺林立。楚国的富裕程度、商业发达程度超过吴越，而且商人在楚国有着很高的社会地位。一般的历史记载中，“四民”为“士、农、工、商”。而在楚国，“四民”为“商、农、工、贾”。楚人以商为“四民”之首，反映了楚国对商业的重视，以及商贾在楚国有着特殊的地位。从“楚人重商”可见，楚商有着源远流长的历史。

明朝中叶起，汉口商业逐渐得到发展，粮、盐在汉口不断被转运，汉口成为转口贸易型城市、传统工商业城市。1850 年刊行的《汉口竹枝词》中有一句：“此地从来无土著，九分商贾一分民。”1861 年汉口开埠，辟为对外通商口岸，设立了多国领事馆，在汉通商的有二十几个国家，汉口成为繁华的商埠。清末，湖广总督张之洞在汉大兴洋务运动，创办了汉冶萍公司、汉阳兵工厂及布、麻、丝、纱四局，为武汉打下了现代工业的基础，并开通了京汉铁路。汉口被称为“东方芝加哥”，与沪、津、穗并称近代中国四大商埠。明清直至整个民国时期，汉口成为各地商人活动的大舞台。

明清及至近代以来，楚商群体无疑是存在的，但作为一个商帮，楚商的自我认知、群体意识、社会形象相较晋商、徽商，还比较弱。但是大量文献资料表明，湖北地区在历史上是非常重视商人的。楚商的代表人物如下。

（1）鄂君启

鄂君启是战国时的楚国封君，名启，是当时的知名巨商。楚怀王时封于鄂（今湖北鄂城）。1957 年安徽寿县出土青铜制鄂君启节，是楚王发给他的水陆运输免税通行证，用于在楚境内以及邻国长途贩运商品。他拥有许多舟车，行商往来于长江中下游地区。

（2）徐荣廷（1857—1949年）

徐荣廷，湖北江夏（今武汉武昌）人，被称为“纺织大王”。1911年，任武昌商会会长。1921年8月起，在武昌创办大兴纺织公司，汉口创办利华煤矿公司，在石家庄创办大兴纱厂，与人合资在武昌筹建裕华纺织公司。1937年，抗日战争全面爆发后，随公司与工厂迁至重庆，并创办永利银行、华年实业公司，投资川康毛纺织厂、庆华染料厂。

三、传统产业

（一）铸造业

纪录片《楚国八百年》中指出，楚国的兵器铸造技术非常高超，古人更是有“吴钩明似月，楚剑利如霜”这样的诗句。湖北随州出土的编钟，不仅可证楚国有出色的音乐，还足以证明楚国铸造业发达。

楚国铸造技术高超的源泉主要来自于楚国人兼收并蓄和开拓创新的精神，他们善于吸收各个诸侯国或其他民族的长处，不断消化乃至创新，使得楚国铸造技术越发精湛，甚至超过中原，形成独自的风格。

湖北已成为中国重要的铸造产业集聚区。湖北十堰（汽车关键零部件产业集聚区）、武汉（汽车配件产业集聚区、压铸产业园）、襄阳（汽车铸件产业集聚区）、随州（汽车铸件产业集聚区）等为主要集聚区。其中，十堰已成为中国集聚度最高的汽车产业群地区和汽车产业链最为完整的城市之一。

（二）房县黄酒

黄酒是世界上三个最古老的酒种之一，其用曲制酒、发酵酿造的方法，堪称世界一绝。湖北的“房陵黄酒”（即房县黄酒）源远流长，比绍兴黄酒早 400 年，而且至今盛产不衰。周宣王时，楚王派房陵人尹吉甫作为使者向周宣王进贡，尹吉甫带了一坛房陵人自产的黄酒献给周宣王，房陵黄酒被呈上殿，开坛后满殿芳香，周宣王尝了一口，大赞其美，遂封为“封疆御酒”。

房陵黄酒，盛于唐朝。嗣圣元年（684 年）则天武后废唐中宗李显为庐陵王。据传，庐陵王贬至房州（今房县），带有皇宫御用工匠 720 名，并把工匠散落到民间，让他们向当地百姓传授技艺，机缘巧合下，对当地的黄酒酿造法进行改良，因房陵黄酒美味可口，又有养生功效，后被武则天御封为“房陵御酒”。

（三）文化产业

1. 汉绣

汉绣最早可以追溯到春秋战国时期。汉绣以楚绣为基础，融汇诸家绣法之长，产生了富有鲜明地方特色的新绣法。1910 年和 1915 年，汉绣制品分别在南洋劝业会和巴拿马太平洋万国博览会上获得金奖。2008 年，国务院公布第二批国家级非物质文化遗产名录，汉绣名列其中。2013 年，湖北省第一家民办汉绣博物馆——武汉汉绣博物馆在汉阳江欣苑社区挂牌成立。

2. 楚剧

楚剧，旧称“黄孝花鼓戏”，是基于约 100 年前鄂东流行的哦呵腔，融合黄陂、孝感地区的山歌、道情、竹马、高跷、民间说唱等形成的湖北省地方传统剧种。形成初期，仅在农村元宵节玩灯时演唱，故又俗称“灯戏”。1900 年前后，渐渐进入汉口附近的沙口、水口两镇，在茶园清唱。1902 年，先进入汉口德租界的清正茶园，开启了楚剧进入都市演出的历史。1926 年改称楚剧。2006 年，楚剧经国务院批准列入第一批国家级非物质文化遗产名录。

3. 汉剧

汉剧起源可以追溯到约 460 年前明万历年间，是湖北地区的传统戏剧，与徽剧、越剧、粤剧、川剧等齐名，是中国最有影响力的地方戏剧之一。乾隆年间首次在北京上演，凭借西皮、二黄合奏和独特的舞台演出吸引了北京观众，与徽剧等一起诞生了京剧。

汉剧也被称为楚调、汉调等。民国时期确定了“汉剧”的称呼。2006 年，汉剧经国务院批准列入第一批国家级非物质文化遗产名录。汉剧的代表性剧目有《双尽忠》《两狼山》《生死板》《打花鼓》《审陶大》《合银牌》《斩李虎》《宇宙锋》《闹金阶》《哭祖庙》等。

4. 荆州花鼓戏

荆州花鼓戏原名地花鼓或沿门花鼓，1954 年定名为天沔花鼓，1981 年更名为荆州花鼓，现又被称为湖北花鼓，是流行于湖北江汉平原一带的地方戏曲剧种。荆州花鼓戏发源于清代沔阳州，形成于 18 世纪前后，迄今已有 200 余年的历史，是湖北省的主要地方剧种之一。荆州花鼓戏植根于民间，素有“听了花鼓子哟哎哟，害病不吃药”的赞美词，可见它深受百姓的喜爱。2006 年，荆州花鼓戏被列入第一批国家级非物质文化遗产名录。

5. 黄梅戏

黄梅戏起源于湖北黄梅县，原名黄梅调、采茶戏等，现流布于安徽省安庆市、湖北省黄梅县等地。黄梅戏的表演质朴细致，真实活泼，韵味丰厚，富于生活气息，以崇尚情感体验著称，具有清新自然、优美流畅的艺术风格。黄梅戏中有许多为人熟知的优秀剧目，其中以《天仙配》《女驸马》等最具代表性。黄梅戏是中国五大戏曲剧种之一，影响十分深远。

四、观光产业

（一）自然和人文景观

1. 神农架

神农架位于湖北西北部高耸的山脉之中，跨越长江和汉江，面积 3000 多平方千米。据说上古时代，神农氏在这里尝遍百草，因而得名“神农架”。神农架的最高峰神农顶海拔 3000 米以上，被誉为“华中屋脊”。独特的自然环境和人文历史，使得神农架被誉为“神农天园”。2016 年，神农架被列入世界自然遗产名录。

2. 武当山

武当山是道教圣地，也是武当拳术的发祥地。武当山位于湖北省西北部的十堰市，总面积 312 平方千米。武当山拥有 72 峰、36 岩、24 涧、11 洞、3 潭、9 泉等。至山顶的 70 千米距离内，有一处庞大的元明时代道教建筑群，拥有9宫、9观、72岩庙、36庵堂，其布置非常平衡。1994年，武当山古建筑群被列入世界遗产名录。其中最值得一看的是紫霄殿和金殿。

紫霄殿建于1413年，该建筑物以接近原样的状态被保留了下来。五间房均为绿瓦、红墙、双檐，气氛华丽庄重。金殿位于海拔1621米的天柱峰山顶上，乍一看像木制建筑，但从瓦、椽子到房梁、大门，全部是由铸造铜组装而成的，据说重量超过80吨。这是武当山代表性道教建筑，反映出明代工匠的高超技艺。此外，这里的日出、夕阳景色也非常出名。除古建筑外，武当山还保留着7400多件珍贵文物，被称为“道教文物仓库”。

3. 恩施大峡谷

恩施大峡谷位于湖北省恩施土家族苗族自治州恩施市，是恩施市的标志性景区。恩施市为全州的政治、经济、文化中心和交通枢纽，是中国优秀旅游城市、国家园林城市、湖北省九大历史文化名城之一。其境内硒矿蕴藏量居世界第一，被称为“世界硒都”。

恩施大峡谷为国家5A级旅游风景区，峡谷全长108千米，面积达300平方千米，被赞誉可与美国科罗拉多大峡谷媲美。恩施大峡谷是世界上唯一一座集聚“地缝—天坑—岩柱群”的复合型喀斯特地形的“天然博物馆”。

4. 恩施土司城

恩施土司城坐落于恩施市西北，是全国唯一一座土家族地区土司文化标志性工程，也是全国土家族吊脚楼中规模最大、风格最典型的仿古建筑群。

（二）食文化

楚菜以水产为本，鱼馔为主，汁浓芡亮，香鲜辣，注重本色。楚菜包括武汉菜、荆宜菜等。

1. 武汉菜

武汉菜以汉阳、武昌、黄陂等地的风味为基础，吸收了省内外各种风味流派之所长，逐渐形成了地方独特风格。武汉菜以烹制山珍海味见长，淡水鱼鲜与煨汤技术独具特点。主要名菜有清蒸武昌鱼、豆丝、黄陂三鲜、黄陂糖蒸肉等。热干面是武汉最具代表性的小吃。

2. 荆宜菜

荆宜菜包括荆州、宜昌等地区的风味佳肴。它是湖北菜的本源，以烹调淡水鱼鲜技艺见长。主要名菜有蟠龙菜、荆沙鱼糕、二回头、鸡茸笔架鱼肚、散烩八宝等。

第十二章 新　商

一、区域简介

新疆维吾尔自治区，简称“新”，位于中国西北边陲，是中国5个少数民族自治区之一。新疆面积166.49万平方千米，约占中国陆地总面积的六分之一，是中国陆地面积最大的省级行政区。古时，新疆被称为“西域”。

新疆的物产资源丰富，土地广袤，多民族聚居于此。三大山脉，即阿尔泰山、天山、昆仑山的积雪冰川孕育了500多条河流。新疆有中国最大的内陆河——塔里木河，也有世界第二大流动沙漠——塔克拉玛干沙漠。新疆还是中国西部干旱地区主要的天然林区，森林面积占西北地区森林总面积的近1/3。

新疆远离海洋，深居内陆，四周有高山阻隔，形成明显的温带大陆性干旱气候，日照时间充足，降水量少，气候干燥。这样的气候条件孕育出各式香甜的水果。新疆的野生动物种类多样。

新疆的煤炭、石油、天然气以及铁铜锌等矿产资源丰富，是我国西电东送、西气东输、西煤东运的重要基地。随着丝绸之路经济带的构建，进一步加强了新疆与周边国家能源矿产、农业旅游等领域的合作，新疆的能源进口与资源加工基地的地位得到巩固，同时农产品加工、特色旅游等领域也实现了重大突破和发展。

二、新商文化及代表人物

地处丝绸之路要冲的新疆各地，在古代中西贸易中发挥了重要的中转作用。随着丝路贸易的兴盛，沿线的绿洲城镇相继兴起。比如最早出现市场贸易的喀什噶尔[①]"市列"[②]，汉时开始即为中国对外贸易的主要口岸。这些绿洲城镇与中原城市不同，它们既属于自然经济范畴的商品调剂的地方市场，又是长距离贩运的丝路贸易的中转之地。随着东西方经济文化的交流，先进生产技术的传播，新疆的丝织、毛织以及冶金、造纸、油漆等生产水平，都获得不同程度的提高。

在商业往来不断发展的过程中，商人的作用得到了充分的展示，其社会地位也相应提高。在游牧部落中，商人往往参与政事，甚至充当使者从事外交活动。此外，他们在文化、宗教的传播方面所做出的贡献也不容忽视。比如，在印度以及西域诸地，商人都为佛教传播出过大力。由于西域经济、政治、文化诸方面的发展都与丝绸之路的商业交换有关，商人成了推动社会进步的重要力量，与有着抑商封建传统的中原地带迥然不同。丝绸之路的开通离不开以下二位著名外交家的贡献：

（1）张骞

西汉建元二年（公元前139年），张骞奉汉武帝之命，由大汉帝都长安出发，率领100多人出使西域，打通了汉朝通往西域的南北道路，即赫赫有名的"丝绸之路"，汉武帝以军功封其为博望侯。司马迁称赞张骞出使西

---

① 即喀什。

② 市场中的店铺。

域为“凿空”，意思是“开通大道”。张骞先后两次出使西域，打开了中国与中亚、西亚、南亚乃至通往欧洲的陆路交通，从此中国人通过这条通道向西域和中亚等国出售丝绸、茶叶、漆器和其他产品，同时从欧洲、西亚和中亚引进宝石、玻璃器等产品。

（2）班超

西汉末年，匈奴重新控制了西域，汉朝与西域的来往中断。东汉明帝时，派兵出击匈奴，并派班超出使西域。班超克服重重困难，使西域各国重新与汉朝建立联系。他得到了西域各国的信任，长期留守西域。班超在西域留守 30 年，对巩固我国西部疆域，促进多民族国家的发展做出了卓越贡献。同时，东汉恢复对西域的统治，保卫了丝绸之路，促进了中国和中西亚各国的经济文化交流。

三、特色产业

（一）传统产业：“一黑一白”

一黑指石油，一白指长绒棉。

新疆油田是中华人民共和国成立后开发建设的第一个大油田，截至 2021 年 2 月，原油产量居中国陆上油田第四位、连续 25 年保持稳定增长，累计产油 2 亿多吨。其主力油田——克拉玛依油田是中华人民共和国成立后发现的第一个大油田，位于新疆准噶尔盆地西北缘。“克拉玛依”在维吾尔语中意为“黑油山”。诗人艾青的《克拉玛依》深情歌咏了新疆沙漠中这座由热血和汗水铸就的石油城：“最荒凉的地方，却有最大的能量；最深的地层，喷涌最宝贵的溶液；最沉默的战士，有最坚强的心。克拉玛依，你是沙漠的美人。”

新疆长绒棉因纤维较长而得名。其品质优良，各项质量指标均超过国家规定标准。吐鲁番所产的长绒棉尤佳，其纤维柔长，洁白光泽，弹性良好。长绒棉是高出一般棉的“棉中极品”，它是国内顶尖的纺织衣物以及出口的高附加值纺织品和服装的关键材料，用其制作的服饰和纺织品都是相当珍贵的。

（二）新兴产业：“红绿蓝”

随着多年的积累和发展，祖国西部的这颗明珠已在支撑其经济发展的“黑、白”单色中，引入了“红、绿、蓝”的新元素，在时代前行的节奏中，体现着与时俱进的变革之力和创新之心。

“红色产业”是指新疆的红色农产品及其加工产业的统称，红花、番茄、枸杞是“红色产业”的三大支柱，其中番茄酱是重要出口创汇产品。新疆从 1984 年开始大规模种植工业番茄，所生产的番茄酱番茄红素高、黏度高、固形物高、霉菌低；并与日本早稻田大学和石河子农垦科学院合作共同研究非转基因番茄品种培育，与美国亨氏合作研究新品种的试验与推广，实现了绿色食品的加工和生产，成为亚洲地区最大的番茄生产加工和出口基地。

“绿色产业”主要指人进沙退、向沙漠进军的“沙产业”，是将荒漠视为肥沃耕地，利用其独特优势进行经济开发。新疆沙产业已形成产业链条，初步形成了以灌草饲料、中药材、经济林果、沙漠旅游等为重点的沙区特色产业，开发出饲料、药品、保健品、化妆品、食品、饮料、果品等一大批沙产业产品，并带动了种植、加工、贮藏、运输、销售等相关产业的发展。此外，沙产业链的触角还延伸到沙物质建材等新兴产业。

“蓝色产业”激活了新疆丰富的光照和风资源。在博乐市，全国单体最大的光伏电站正在建设；乌鲁木齐市达坂城有亚洲第一个风力发电场，截至2015年，装机总容量已达170万千瓦，核准的装机容量达405万千瓦。随着丝绸之路经济带的崛起，临空经济、陆港经济、云计算、装备制造、新能源新材料等新产业形态，使新疆的“蓝色产业”不断走向“深蓝”。

四、观光产业

（一）自然和人文景观

新疆自然景观神奇独特，境内有海拔8611米的世界第二高峰——乔戈里峰，中国最长的冰川——音苏盖提冰川，中国最大的沙漠——塔克拉玛干沙漠，中国最大的内陆河——塔里木河，最大的内陆淡水湖——博斯腾湖，中国最大的雅丹地貌群——遍布南北疆荒原上神秘莫测的“龙城”“风城”“魔鬼城”，中国最大的硅化木群——将军戈壁硅化木群。此外，被誉为“塞外江南”的伊犁河谷东端的那拉提“三面青山列翠屏，腰围玉带河纵横”，以独特的自然景观、悠久的历史文化和浓郁的民族风情构成了独具特色的边塞风光；有“九曲十八弯”的开都河，更有优雅迷人的天鹅湖等，这些构成了新疆丰富的自然旅游资源。

新疆人文景观同样富足，在古丝绸之路新疆境内5000多千米的干线上，留下了数以百计的古城池、古烽燧、千佛洞、古建筑、古屯田遗址等，沿古丝绸之路成群、成带分布，是世界上古城数量最多、保存最完好的地带，堪称“世界古城博物馆”，构成了世人瞩目的人文旅游资源。新疆境内具有历史艺术和科学研究价值的古文化遗址、古墓葬、古建筑、古窟寺（千佛洞）、石刻和现代纪念建筑物有236处，其中10处被列为全国重点文物保护单位。

新疆吐鲁番曾经是古丝绸路上的重镇，是西域重要的中心之一。虽然面积不大，却融合了各种宗教、民族文明，被评为“世界上最富有的露天考古博物馆”。吐鲁番是一座神秘的城市，有世界上最古老的土建筑城市遗址——交河故城、高昌故城，有被称为人类智慧结晶的荒漠地区特殊灌溉系统——坎儿井，还有造型新颖别致的伊斯兰教古塔——苏公塔、传承维吾尔族人佛教文化的石窟寺遗址——柏孜克里克千佛洞、《西游记》中的重要场景——火焰山等。

1. 喀纳斯湖

“喀纳斯”是蒙古语，意为“美丽而神秘的湖”。喀纳斯湖有三大奇观：一是千米枯木长堤，是因喀纳斯湖中的浮木被强劲谷风吹着逆水上漂，在湖上游堆聚而成；二是湖中巨型“水怪”，常常将在湖边饮水的马匹拖入水中，给喀纳斯平添了几分神秘色彩；三是雨过天晴时才有的奇景——喀纳斯云海佛光。喀纳斯湖具有极高的旅游观光、自然保护、科学考察和历史文化价值。

2. 楼兰古城

楼兰古城被称为“东方的庞贝”，是西域 36 国之一的楼兰国和鄯善国所在地，以出土重要文物闻名天下。它曾是古丝绸之路上的交通要塞，也是中原地区去西域通商的必经之路，在历史上有非常重要的意义。这里悠久的历史、天方夜谭似的传说故事令人神往；它神秘地消失，又意外地出现，引得许多中外游人和探险家不辞辛劳地沿着丝绸之路向西进发，去目睹这座历史文化名城。

（二）食文化

新疆饮食文化中最耀眼的明珠当属少数民族的饮食文化，也就是清真餐饮。“清净无染，真乃独一”谓之清真，其菜肴称清真菜。这种饮食风俗源于伊斯兰教，但随着时代发展已逐渐变为少数民族生活方式与饮食习惯的组成部分。新疆菜既具有清真菜的特性，又具有中国西北菜系味重香浓的烹饪特点，大多吃牛羊肉，多采用爆、烤、涮、烧、酱、扒、蒸的制作方法，口味偏咸辣，著名的佳肴有烤全羊、大盘鸡、馕包肉、手抓羊肉等。

1. 新疆羊肉

新疆人制作的羊肉口感滑嫩且没有膻味，食之爽口，菜品也是多种多样。其中烤羊肉串是有着 1800 多年历史、风靡全国的一种新疆传统小吃，色泽酱黄油亮，肉质鲜嫩软脆，味道麻辣醇香，独具特别风味；烤全羊是新疆十大经典名菜之一，是高级宴席中不可缺少的菜肴；手抓羊肉是最古朴、独特的吃肉方式。此外，以羊为原料的风味小吃也种类繁多，米肠子和面肺子便是代表，肠糯鲜、肺软嫩，羊肚、面筋有嚼劲，风味独特，不愧为新疆民族风味之佳品。

2. 新疆大盘鸡

新疆大盘鸡是清真小吃中以聚餐方式食用的新派品种，因用大盘盛装鸡块而得名，在新疆流行已有多年的历史。菜色以红、白、绿、酱红几色相间，使人观后爽心悦目；口感微甜，辣中带麻，肉质软嫩爽口；荤素比例和搭配品种可自行调节，是聚朋待友的一道风味佳肴。

3. 馕

新疆的主要面食之一，已有两千多年的历史。据考证，维吾尔族原先把馕叫作“艾买克”，直到伊斯兰教传入新疆后，才改叫“馕”。馕一般以小麦粉为主要原料，制成饼形后，贴入馕坑中烤制而成。大都呈圆形，最大的馕叫“艾曼克”馕，中间薄，边沿略厚，中央戳有许多花纹，直径足有 40～50 厘米；最小的馕直径约为一般的茶杯口那么大，叫“托喀西”馕，厚约 1 厘米，是做工最精细的一种小馕；还有一种直径约 10 厘米，厚 5～6 厘米，中间有一个洞的“格吉德”馕，这是所有馕中最厚的一种。因馕含淀粉丰富，经馕坑烘烤后，产生焦黄诱人的颜色，色泽黄亮，食之酥软，非常易消化，尤其对治疗胃病有一定的疗效。

第一章　粤　商

一、地域の概要

広東省《かんとうしょう》は南嶺《なんりょう》山脈の南側に位置し、香港、マカオに隣接している。第3回全国土地調査統計データによると、広東省の土地面積は17.98万平方キロで、海岸線《かいがんせん》の長さは4114.3キロメートルで、中国で最も長い。山地、丘陵《きゅうりょう》は3分の2を占め、平地《へいち》は3分の1を占めている。華南《かなん》の最大河川《かせん》である珠江《じゅこう》は西江《せいこう》、北江《ほくこう》、東江《とうこう》の総称で、その合流《ごうりゅう》地点には先進的で肥沃《ひよく》な珠江デルタが広がっている。

広東省は世界各地で活躍している多くの華僑《かきょう》や華人《かじん》の故郷であり、また改革開放政策を導入した中国初の地域でもある。1979年以降、深圳《しんせん》、珠海《じゅかい》、汕頭《せんとう》などの経済特区と広州、佛山、恵州、珠海などの国家級ハイテク産業開発区が相次いで設立された。特に珠江デルタ地域は加工貿易を中心として急速に発展してきた。その加工貿易は広東省の3本柱産業の一つとなっている同時に、自動車、電子情報産業などの分野でも目覚しい成果が上げられている。

二、粤商文化及び代表的な人物

歴史を見れば、広東省はその地理的条件から、常に商業文化が高度に発達していたことが分かる。早くも宋の時代には、アラブ商人が広東、福建の沿岸で商業活動を始めていた。長年に渡って蓄積《ちくせき》された国際貿易活動の積み重ねは濃厚な商業文化の雰囲気を盛り上げ、豊富な知識を持つ商人集団、すなわち粤商と略称された広東商人を育成した。現在に至るまで、粤商は中国で唯一断代《だんだい》のない商人集団である。

粤商は主に広府商人《こうふしょうにん》、潮州《ちょうしゅう》商人、客家商人などから構成されている。前漢《ぜんかん》以来、広州は中国南部地区の茶葉《ちゃば》、磁器《じき》、シルクなどの流通の中心地であったが、宋代になると、有名な対外貿易港に発展した。明清《みんしん》時代、広東省は対外貿易港に指定され、粤商は海を渡り、世界各地に広東会館（集会施設）を開設した。粤商は政府の優遇政策により、巨額の富を蓄え、近代商人への転換を成し遂げた。

広州十三行《こうしゅうじゅうさんぎょう》は清朝《しんちょう》により指定された対外貿易専門仲介役であり、対外貿易を専門とする独占《どくせん》的な機構である。1685 年、清政府は 13 社の有力な業者を採用し、外国との貿易や関税の徴収《ちょうしゅう》を代行《だいこう》させることにした。1757 年、乾隆帝《けんりゅうてい》は「一口通商《ひとくちつうしょう》制度」を公布し、広州を唯一の合法的な対外通商口岸に指定し、広州を外国人の中国入国の唯一の入り口とした。その後 100 年間、十三行は清政府に関税による収入の 40%を納めた。

1745 年、清政府は広州の行商人《ぎょうしょうにん》の中から有力商人５人を選び、輸出入貿易などの監督管理を強化した。

広州十三行の中では、潘家《はんけ》と伍家《ごけ》の影響が最も大きい。

(1) 潘振承

福建泉州府同安県《せんしゅうふどうあんけん》の出身で、1727 年に学校を中退して船員として働くうちに、フィリピンなどで茶葉、シルク、磁器などを販売し、大金《たいきん》を得た。1738 年、彼は広州で、外資系企業のマネジャーとして働くようになった。誠実で勤勉、高い思考力を持つ潘は、上司から高く評価されていた。その後、上司から外資系企業の経営全般を任され、これを機に大きな財産と対外貿易の経験を積み重ねた。その後貿易会社同文社を設立し、東インド会社の最大の顧客であり、最も重要な取引先となった。1760 年、清政府から広州十三行商総に選ばれ、最長記録を樹立していた。潘振承は、大きな財産を得たことから、フランス雑誌で「18 世紀の世界トップの富豪」として取り上げられていた。広州の近代経済は広州十三行から始まり、十三行の発展と成長は潘家から始まったと言われる。

(2) 伍秉鑒

2001年、米『ウォールストリートジャーナル』(アジア版)は「千年続く」というコラムで過去千年間における世界の富豪50人を挙げた。伍秉鑒がその中の一人である。伍秉鑒は家業を引き継ぎ、初めに茶葉などを経営した。先祖のルーツは福建泉州(潘振承と同郷)だが、彼は広州を拠点に、主にイギリスと貿易をしながら、海外にもビジネスを拡大し、イギリス東インド会社の最大の債権者であった。伍秉鑒は対外海上貿易を専門とする怡和社を創設し、当時の世界トップの富豪となった。彼はアメリカ人の実業家であるジョン・ムレ・フォーブスを養子として迎え、この関係を利用して米国の鉄道建設に投資し、フォーブスが中国で設立した旗昌洋行に資金援助し、19 世紀の東アジア最大規模の米国代理店にさせ、米国の対中貿易を独占した。伍秉鑒による投資は採鉱、鉄鋼、石油、不動産、保険業、通信などの分野にも広がっていた。

三、伝統文化

（一）粤劇

粤劇《えつげき》は広東語で歌われる戯曲《ぎきょく》で、広東の伝統的な戯曲の一つであり、楽師《がくし》の演奏した音楽、舞台衣装、抽象的なフォルムなどが融合した演技芸術である。粤劇は南戯《なんぎ》に由来するもので、16 世紀半ばごろから広東、広西に現れ始めていた。1730 年ごろ、北京の有名な昆劇《こんげき》俳優の張五は、清朝の追捕を避けるため、変装して広東に逃げ、佛山《ふっさん》というところに住み、紅船《こうせん》の子どもたち[1]に京劇《きょうげき》と昆曲《こんきょく》を教え、粤劇界で初めての粤劇組合会館（ギルドホール）「瓊花《けいか》会館」を造っていたという。佛山は粤劇の故郷と呼ばれるようになった。当時、佛山は神を迎えるお祭りが盛んで、お祭りの時には必ず粤劇を上演していた。粤劇は多様な音楽と劇の要素を取り入れることで、中国の戯曲の芸術表現を創造的に広げ、中国の南北戯曲芸術を集大成するものになった。2009 年、粤劇はユネスコによって世界無形文化遺産リストに登録された。

---

① 粤劇俳優は紅船を交通手段としていたため、「紅船の子ども」は粤劇俳優の代名詞となった。

（二）粤繍

粤繍《えつしゅう》は潮繍《ちょうしゅう》（潮州地区）と広繍《こうしゅう》（広州《こうしゅう》、順徳《じゅんとく》、南海など）からなっており、蘇繍《そしゅう》、湘繍《しょうしゅう》、蜀繍《しょくしゅう》と並んで中国の四大名刺繍の一つである。粤繍は唐に始まり、明清時代に成熟し、千年余りの歴史が続いている。潮繍は少数民族に創始され、その源は黎族《れいぞく》の錦織《にしきお》りと起源が同じだと言われる。潮繍は強い地方色、バランスが取れた構成、幅広いステッチ、はっきりした模様、金銀の糸の仕様、強い色彩、強い装飾性と、多くの特徴を持っており、その中でも、浮き雕り効果を持つ立体感のある刺繍法は潮繍独特のものである。

（三）潮州功夫茶

潮州功夫茶は潮汕功夫茶とも呼ばれ、広東省潮汕地域特有の伝統的な喫茶方法で、中国茶道の中で最も代表的な茶文化の一つである。唐時代に茶文化がすでに各地に浸透しており、潮州工夫茶は宋時代に盛期を迎えていた。沿岸部では人々はお茶を好み、中でも潮汕地域ではお茶を接客の最高マナーとされていたという。潮州功夫茶《こうふちゃ》は精神、礼儀、養生、茶入れなどの茶の湯形式を融合させたもので、一種の茶芸であり、民俗の風習でもある。潮州工夫茶は国家級無形文化遺産のリストに載っている。

四、観光産業

（一）自然人文景観

1. 羅浮山《らふさん》

恵州《けいしゅう》市にある山で、「嶺南第一山」と呼ばれている。主峰飛雲頂《しゅほうひうんちょう》の標高《ひょうこう》は1296メートルで、中国十大名山の一つであり、道教では「天下第七大洞天、三十四福地」と尊ばれている。神仙術の大成者《たいせいしゃ》として知られる東晋《とうしん》の道教研究家の葛洪が北宋の時代にこの地に沖虚観《ちゅうきょかん》を建立《こんりゅう》している。沖虚観には３つの謎が伝わっている。一つ目は、観内の大木《たいぼく》は屋根より高いが、屋根には落ち葉がないこと。二つ目は、沖虚観の建築面積は4400平方メートル余りであるが、壁の隅に蜘蛛《くも》の巣がないこと。三つめは、観内には「長生井《ちょうせいい》」という井戸《いど》があり、その井戸水は奇難雑症《きなんざつしょう》を治療できること。以上の３つが長年の謎であるという。

羅浮山は有名な仏教の聖地でもあり、「羅浮第一禅林《ぜんりん》」と呼ばれている。738年建立された華首寺《かしゅじ》は、長い歴史を持つだけでなく、崖《がけ》に多くの代表的な石刻《せっこく》も残されている。

2. 南華寺

南華寺《なんかじ》は502年に建立され、南方禅宗の開祖六祖慧能《ろくそえのう》の寺院として名が知れ渡っている。六祖慧能はここで37年間禅法《ぜんほう》を伝授《でんじゅ》し、弟子《でし》43人を得、河北臨済《かほくりんざい》、湖南《こなん》潙仰、江西曹洞、広東雲門、南京法眼など５つの宗派を創立した。これらの宗派は国内外に広く伝わり、多大な影響を与えたため、南華禅寺は禅宗の「祖庭《そてい》」と呼ばれている。

3. 丹霞山《たんかさん》景観地

広東で最も面積が大きく、丹霞地形で有名な紅石公園である。丹霞山景観は、7～9千万年前に赤みがかった砂岩《さがん》が長い間侵食作用を受け続けた結果、美しい曲線美《きょくせんび》や際《きわだ》立った断崖《だんがい》を形成した。丹霞山景観地は

2004年に世界地質公園の申告に成功し、2010年に世界自然遺産に登録された。特産品として沙田柚《さたゆず》、白毛茶《しろけちゃ》などが挙げられる。

4. 南嶺国家森林公園

南嶺山脈の中央部に位置し、珠江支流（北江）の発祥地である。ここには広東省で最もよく保存されている原始林があり、海抜千メートル以上の峰《みね》が30以上連《つら》なっている。この辺りの山地に雨が多く、渓流《けいりゅう》に水が多く、その流れが速くて、険しい砂浜《すなはま》と滝《たき》を主とする南嶺瀑布《ばくふ》長廊《ちょうろう》観光地と原始林を主とする「小黄山」観光地を形成した。

（二）食文化

さっぱりして軽快な味わいの広東料理は、中国の四大料理、または八大料理の一つとして挙げられている。広東料理は広東省における名物料理を集めたもので、広州料理、東江料理、潮州料理の3つに大別される。

広州料理　「食は広州にあり」と言われるように、広州は食の中心だと言われる。広州料理は広東料理の代表であり、漢民族の伝統的な流派の一つである。広州料理は主に南海料理、番禺料理、順徳料理などの郷土《きょうど》料理を中心に構成されている。

東江料理　客家料理とも呼ばれ、梅州、恵州、韶関などをはじめとする。特に東江塩焗雞《えんきょくけい》、東江醸豆腐《じょうとうふ》、東江梅菜扣肉《ばいさいこうにく》などが有名である。

潮州料理　広東省の潮州、汕頭、掲陽《けいよう》地域から始まった料理で、潮菜と略称される。潮州料理は歴史が長く、漢唐時代までさかのぼることができる。潮州料理は新鮮な食材、洗練された調味料、精巧な包丁さばき、卓越《たくえつ》した調理技術、その上、色、香り、風味が追求により、中国で最も高級な料理と見なされている。近代では、潮州地域における華僑の頻繁な往来のおかげで、潮州料理は国内外における名物料理の特長を取り入れられ、バラエティーに富んできた。現在、嶺南文化の独特な特徴を持った潮州料理は、国内外において名物料理の一つとなっている。

第二章　閩　商

一、地域の概要

福建《ふっけん》省は中国の南東部、東海の浜に位置しており、東は台湾海峡を挟み、台湾省と隣接している。北東は浙江《せっこう》省、北西は武夷山地を挟んで江西《こうせい》省、南西は広東《かんとん》省、長江デルタと珠江《じゅこう》デルタを結んでいる。福建《ふっけん》省は中国の重要な海港であり、中国と世界を結ぶ重要な貿易拠点になっている。

福建省の多くを山間地が占め、山地、丘陵で総面積の 80%以上を占め、入り組んだ海岸線の長さは 3752 キロメートルに及ぶ。省内には 1500 以上の島が点在し、その中で一番大きい島は平潭島《へいたんとう》である。

気候は亜熱帯海洋性季節風気候で、温暖で湿度が高い。平均気温は 17-21℃、平均雨量は 1400-2000 ミリで、中国で最も雨量の多い省の一つとされる。気候条件が優れており、住みやすく、作物の栽培に適している。

二、閩商文化と代表的な人物

福建省の海外貿易の歴史は長く、中国の華僑の故郷として有名で、海外の福建省出身の華僑は1580万人に達する。「閩商《びんしょう》」は福建商人の略称で、晋商《しんしょう》、徽商《きしょう》、粤商と並ぶ中国十大商人集団の一つである。保守的な中国北部や内陸部に対し、福建商人はより開放的な開拓意識を持っている。世界の舞台で活躍した閩商の歴史は、典型的な海洋文化を示しており、「中国人のいるところには必ず閩商がいる」と言われるほどに、福建商人は全世界を渡り歩いてきた。また、誠実さと信用が第一で、利益と義理も重視するということは、彼らの商売における基本理念である。

元代には、福建省は海のシルクロードにおいてますます重要な役割を果たすようになっていたため、マルコ・ポーロから「世界東方第一の港」と呼ばれていた。福建商人の貿易ネットワークは北は韓国、日本、南は東南アジア、西はバングラデシュ、アラビアまで広がっていた。明代に入ると、朝廷は「海禁政策[1]」を行ったが、福建の民間による対日貿易は日に日に盛んになっていった。明末から清初期には、福建の海商集団の台頭に伴い、長崎を中心とする民間による海洋貿易が盛んになった。18世紀には、対日直接貿易は減少したが、依然として琉球とは密接な関係を維持していた。福州は日本と琉球の中継ぎ貿易の場所として、大量の手工業製品を琉球を経由させて日本へ輸出していた。福建は民間による海上貿易により、近世の日本文化に大きな影響を与えた。

---

① 海上の交通、貿易などに制限を加える政策のこと。

(1) 陳嘉庚《タン・カーキー》（1874-1961 年）

厦門《アモイ》大学の創立者であり、二十世紀の華僑を代表する一人である。彼は教育への投資で有名で、毛沢東に「華僑の旗手、国家の栄光」と称賛された。陳嘉庚の事業を支える 3 本柱は、ゴム園、生ゴム工場とゴム製品製造工場である。さらに、パイナップル缶詰、氷砂糖、石鹸、薬品、皮革などの十種類以上の商品も取り扱っていた。その販売拠点は東南アジアの都市はもちろん、香港、上海、厦門、広州まで広がっていた。また、長期にわたり華僑と故郷の文化教育公益事業に従事し、1912-1920 年の間に、厦門市集美《しゅうび》区で小学校、中学校だけでなく、師範、水産、航海、農林、商科などの学校も設立した。また、1918 年にシンガポールで南洋華僑中学校、1921 年には厦門大学を創立した。

(2) 丁世忠《ていせいちゅう》（1970-　）

福建省晋江市出身で、全国人民代表大会の代表にも選ばれた優秀な企業家である。17 歳で創業し、現在は安踏《アンタ》（中国）スポーツ用品有限公司の最高経営責任者、執行役員兼会長であり、グループ総裁でもある。第 17 回「中国十大傑出青年」に選ばれ、全国人民代表大会の代表にも選ばれた。福建省晋江では「靴の王様」と呼ばれている。

三、特色産業

（一）四つの銘茶

福建省は中国で産茶の省として知られており、製造、飲用、販売のいずれにおいても長い歴史を持つ。その代表的なものは以下の四つである。

1. 安渓鉄観音《あんけいてっかんのん》

安渓は福建省泉州《せんしゅう》市の管轄県で、中国の茶葉の産地として有名である。ウーロン茶を大量に産出しており、特にその中でも貴重品とされる「鉄観音」を30余りの国家と地区に売り出している。鉄観音は貴重な天然飲料であると同時に、美容保健機能も優れている。中には高いアミノ酸、ビタミン、ミネラル、茶ポリフェノールとアルカロイドが含まれる。殺菌、消炎、ダイエット、美容、老衰の回避、癌の防止、コレステロールの管理、心臓血管系疾患や糖尿病などのリスクを減らすといった効果がある。東南アジア、日本、欧米などでの売れ行きがよく、消費者に人気がある。

2. 武夷大紅袍《だいこうほう》

武夷山の「大紅袍」は、お茶の王者であり、福建省武夷山の険しい崖の間から生まれる。天然純粋なお茶でありながら、その気品高い味わいから「岩茶《がんちゃ》の王様」と呼ばれる。大紅袍の茶樹は樹齢1000年の低木で、武夷山にある九竜巣《きゅうりゅうす》という絶壁に6株しか残っておらず、生産量が極端に少ないことで、珍品として大切にされている。その名前の由来は、春先に大紅袍の茶の芽が出る時、遠くから見るとその茶樹がまるで紅色の衣を着ているように見えることからこの名が付いたという。茶師の熟練した腕によって作られた大紅袍は香りが濃く、味がまろやかで、「岩韻《がんいん》」と言われる岩茶特有の特徴を持っており、9 煎して飲んでも、その香りがまだ味わえるという残り香が魅力的である。

3. 正山小種

正山小種はラプサンスーチョン、星村小種とも呼ばれ、400 年以上の歴史を持つ世界最古の紅茶であるから、紅茶の元祖とも呼ばれる。福建省崇安《すうあん》県（1989 年に武夷山市と改称）桐木《どうぼく》村で生まれ、その後正山小種をベースにした現在の紅茶へと発展した。正山小種の茶葉は松葉や薪で燻して着香したもので、色が黒っぽく、非常に強い燻香が特徴で、淹れたお茶は濃い琥珀色である。

4. 金駿眉《ジンジュンメイ》

金駿眉は、正山小種の産地と同じ、福建省武夷山市桐木村で生み出された紅茶である。特質は、茶摘みから製造まですべての工程が手作業で行われることにある。金駿眉 500 グラムのお茶を作るのに武夷山自然保護区の高山にある小種茶葉から摘んだ数万の茶葉の新鮮な芽が必要とされる。それから萎凋《いちょう》、揺青《ようせい》、発酵、揉捻《じゅうねん》など一連の加工工程を経て完成する。乾燥させた茶葉は形が細く、黄金色の「茶毫《ちゃごう》」（お茶の若葉の裏側に生えているうぶ毛）が付いている。金駿眉を淹れると、黄金色の輪ができ、甘さと爽やかさが感じられる贅沢品である。

（二）水産養殖

福建省の浅い海の干潟《ひがた》は広く、全省の 30 メートル等深線の内側の浅海面積は 2215.5 万畝[①]で、潮間帯に 300 万畝の干潟を持つ。内陸の河川渓流が縦横に交差し、ダムの湖が点在しており、養殖に使われる海洋と水域の面積が陸地の耕地面積を上回るほどである。さらに、亜熱帯に位置するため、沿岸の水質が肥沃で、気候が温和で、水産養殖業を発展させる条件はとりわけ恵まれている。改革開放以来、特に福建省委員会、省政府の一連の戦略的方策の推進の下で、水産養殖業は急激に発展し、水産総量は大幅に増加し、産業構造は改善されたため、経済効果は向上し、漁民の収入は増加していた。現在では大黄魚、うなぎなど特色ある品種を主体とした水産業が形成されている。

1. 寧徳《ねいとく》大黄魚

大黄魚は中国の「国魚」で、肉質が柔らかくて味が良いことで知られている。高蛋白、低コレステロールで、EPA、DHA なども多く含んでいるため、中国沿海の伝統的滋養海産物とされる。黄金色で、口はオレンジ色をしているため、縁起がいい魚とされ、「長寿魚」、「黄魚姫」と称される。福建省寧徳市は独自の「官井洋」大黄魚産卵場と工業汚染のない「海

---

① 面積の単位であり、1 畝は約 6.667 アールである。

上天湖」三都澳の地理環境と独特な技術に恵まれ、中国の大黄魚の人工養殖の発祥地と育苗・養殖基地であり、ネットボックス、土池養殖モデルを創造し、同時にフェンス、大型ネットボックスなどの最新のモデルを普及させた養殖基地となっている。寧徳大黄魚は無公害食品認証を取得し、韓国、アメリカ、日本などの国家と中国香港地区へ輸出されている。

2. 福清《ふくせい》ウナギ養殖基地

日本はウナギと関連製品の最大の消費国で、ウナギの養殖、加工は長い歴史を持つ。1970 年代末、ウナギの養殖は中国大陸に伝わり、主に福建省のプータ市と福清市に集中している。40 年余りの発展を経た 2019 年まで、福清市にウナギ養殖企業が数百社あり、そのうち、漁渓《りょうけい》鎮だけでも登録されたウナギ養殖企業が 255 社にも達している。このほか、ウナギ産業は福清市のウナギ飼料工場、焼きウナギ工場、養殖設備などの関連産業の発展も牽引している。一つの鎮のウナギ産業チェーンの生産額は 100 億元以上にも達し、福清市民十数万人に裕福な生活をもたらした。現在、福清の焼きウナギの生産量は全国の 45%、日本市場の 38%を占め、中国最大のウナギの生産加工と輸出基地となっている。

3. 漳州《しょうしゅう》水産養殖基地

福建省で特色品種が一番多い水産養殖基地である。漳州は台湾に隣接し、両地の水産技術と品種における交流が頻繁に行われ、良好な発展を遂げている。漳州市の水産養殖品種は 156 種類に達している。現在、鮑《あわび》、石斑魚《うぐい》、牡蠣《かき》、青蟹《ワタリガニ》など4つの水産品の生産量が全国一位となっている。

四、観光産業

（一）自然人文景観

山を背に海に臨むという地理環境に恵まれ、福建省は豊富な観光資源を持つ。鼓浪嶼《ころうしょ》、武夷山、太姥山《たいぼさん》などの自然風景のみならず、土楼《どろう》、三坊七巷《さんぼうしちこう》などの人文景観もある。

1. 鼓浪嶼

鼓浪嶼は別称コロンスと呼ばれ、島の南西部に高さ 2 メートル以上の洞穴があり、「鼓浪石」という岩礁が、満潮になると波にたたかれて太鼓のような音を立てることから名づけられたといわれる。島には異国情緒を漂わせているため、有名な景勝地となっている。また、音楽の島でもある。多くの人材を輩出しており、ピアノの普及率は中国一である。「海上ガーデン」「万国建築博覧館」「ピアノの島」「音楽の島」などの美称がある。2005 年には、『中国国家地理』雑誌により「中国の最も美しい都市区」の第一位に選ばれた。2007 年には、厦門鼓浪嶼景勝地は中国国家観光局により国家 5A 級観光地と認可された。

2. 武夷山

武夷山風景地は典型的な丹霞《たんか》地形であり、丹霞の傾斜丘陵と山々が重なり合って塊状となっている。その円錐のような形の山は見る場所によって形を変えながら、水辺に臨んで立っている。ほかにも、約 3800 年前に断崖絶壁の上に高く置かれた船棺《せんかん》、宋代朱熹《しゅき》が創設した紫陽書院《しようしょいん》、元代の御茶園《おさえん》、歴代の崖石刻などの名所がある。また、武夷山は道教、仏教、儒教が融合した、長い歴史文化を有する名山で、李商隠《りしょういん》、范仲淹《はんちゅうえん》、朱熹、陸游《りくゆう》、辛棄疾《しんきしつ》、徐霞客《じょかかく》などの古代中国の著名人もこの地に墨蹟を残している。武夷山はまた、朱子学の発祥地であり、世界的にも朱子学や東方文化の研究拠点となっている。

3. 永定《えいてい》土楼

円楼とも呼ばれ、福建省竜岩《りゅうがん》市永定区にある。その中で一番古いものは馥馨楼《ふくけいろう》で、紀元 769 年に建てられ、1200 年以上の歴史を持つ。正門のない中国客家《はっか》の土楼博物館と呼ばれている永定土楼には様々な型があるが、「方楼」（四方形の要塞型）と「円楼」（丸型）の二つに大別される。土楼は 2008 年にユネスコの世界遺産に登録され、2011 年には中国国家 5 A 級観光地と認可された。

（二）食文化

福建料理は中国の八大料理の一つで、中国の漢族文化と地元の古越族文化の混合、交流によって徐々に形成されたものである。それだけでなく、海外、特に南洋諸島との長期的な交流を経て、海外の飲食習慣が次第に福建人の食生活に浸透してきたことも大きい。したがって、福建料理は開放的な特色を持つ独特な料理になっている。

現在、福建料理は主に福州《ふくしゅう》、閩南《びんなん》、閩西《びんせい》の三つの流派に分かれている。福州料理は薄味でさっぱりしており、甘く酸味が強い。また、スープはだしに拘り、山菜や海鮮が材料としてよく使われる。閩南料理は福建省南部の厦門市、泉州市、漳州市を中心とした沿岸地域の料理である。サテなど独特の調味による味付けはその特徴である。それに対して、閩西料理は長汀と南西一帯の地方食文化が含まれており、一般に塩辛い味が強く、山の幸を取り入れ、山間部の風味を帯びている。

1. 仏跳牆《ふっちょうしょう》

「仏跳牆」は福建料理の伝統的な高級料理である。名前の由来は「あまりの美味しそうな香りに修行僧ですらお寺の塀を飛び越えて来る」という詞にあるとされる。一つの陶器の壺にフカヒレ、ナマコ、鶏肉、ひづめ、干し貝、椎茸、あわびなど約 20 種類の高級食材と水を入れる。調理の手順は厳格で、栄養価値は高く、油ぎっておらず透き通った見た目をしている。さらに、免疫力を強化し、腸を整え、美容する効果があるという。

2.サテ麺

サテ麺は福建省閩南地区、台湾地区、東南アジア地区で流行っている有名な汁麺の軽食である。そのメインポイントは麺スープに溶かし込んだサテソースである。ソースは干しエビ、干し魚、玉葱、ニンニク、生姜など十数種類の食材及び、様々な香辛料を油で揚げたものをペース状にして作られる。

3.河田《こうだ》白《パイ》斬《ザン》鶏《ジー》

河田鎮の白斬鶏は福建省の客家名料理で、汀《てい》州《しゅう》の客家料理に属している。鶏肉は必ず世界五大名鶏の一つである、長汀特産の河田鶏でなければならない。河田鶏が国内外に名を馳せたのは、格闘鶏としてではなく、華やかな外観、黄金色の皮、柔らかくて甘い肉質、豊富な栄養があるためである。なお、調理の時には必ず長《ちょう》汀《てい》産の客家みりんを使わなければならないとされている。

第三章　浙　商

浙江省は中国の東南沿海長江デルタ地域の南側に位置しており、東に東海、南に福建省、西に安徽省と江西省、北に上海や江蘇省と接している。2022 年現在、浙江省には杭州、寧波、温州、紹興、湖州、嘉興、金華、衢州、舟山、台州、麗水の 11 の地級レベル都市がある。浙江省には、杭州と寧波という二つの副省クラスの都市と、37 の市轄区、20 の県級市、33 の県（自治県一つを含む）がある。省内で最も大きい河は銭塘江で、それは紆余曲折に曲がっていることから、之江、折江、または浙江とも呼ばれている。浙江省の名前はここから名付けられ、略称は「浙」である。浙江省の東西と南北の直線距離は 450 キロほどで、陸地面積は 10.55 万平方キロと、面積が最も小さい省の一つである。

浙江省は中国で経済活動が最も勢いのある省の一つであり、同時に中国において区域内の経済発展格差が最も小さい省の一つでもある。杭州、寧波、紹興、温州という四つの都市は全省の経済成長への貢献率が高く、その中でも杭州と寧波の 経済力は常に全国の上位 20 以内である。

浙江省は都市から農村部まで、それぞれが特色のある産業を持っている。例えば地級・市級レベルでは寧波のアパレル業、射出成型機、ネオジムマグネット、台州の医薬化工などである。県や郷《きょう》、鎮《ちん》クラスでは、永康の金物、義烏の雑貨、東陽の木彫り、安吉の白茶、梁弄の灯具、湯浦の銅管、諸暨の真珠、龍泉の剣などが挙げられる。

本稿では温州と寧波を中心に、浙江の商人文化について見ていく。

一、寧波商人

（一）地域の概要

寧波《ねいは》の略称は甬《ゆう》であり、はやくも周の時代からこのように呼ばれていたという。寧波は最初に開放された沿海都市《えんかいとし》の一つであると同時に、長江《ちょうこう》デルタ地域の中心の一つであり、浙江《せっこう》省の経済の中心で、中国の著名な学者や文化人の出身地としても名高い。寧波は東南沿岸部、長江デルタ地域の南側に位置しており、東に舟山《しゅうざん》諸島、北に杭州湾、西に紹興《しょうこう》市の嵊州《じょうしゅう》、新昌《しんしょう》と上虞《じょうぐ》、南に山門湾《さんもんわん》、更に台州《だいしゅう》の山門と天台《てんだい》と接している。寧波市の陸地面積は9816平方キロで、2022年末には、寧波市陸域総面積は 9816 平方キロ、うち市街地面積は 3730 平方キロ。市の海域面積は8355.8平方キロ、海岸線の長さはあわせて1678キロで、浙江省海岸線の25%を占める。また、大小の島が611あり、その面積は、あわせて 277 平方キロである。

（二）寧波商人文化

「寧波商人」は国内外に名を馳せている有名な商人の集まりであり、後に著しい成長を見せた現代中国の十大商人グループの中の一つである。寧波は商人の郷であると共に、浙東《せっとう》文化の発祥地でもある。寧波商人は市場の開拓と占有に長け、国内にとどまらず、海外にもビジネスを広げている。1940 年代に上海が寧波商人の本拠地となってから、その範囲は日本、東南アジア、北アメリカや南アメリカ、そしてオセアニアなどにも手を広げ、寧波の企業は次々とグローバル企業に発展していった。寧波商人は金銀細工店や漢方薬、衣服、海産物などといった伝統的なビジネスにとどまらず、新しいビジネスの開拓にも積極的に取り組んだ。古くから寧波商人は、機敏な頭脳と倹約精神に長け、辛抱強く、時代の流れに沿って、市場の需要に敏感に反応し、困難に遭っても積極的に立ち向かい、事業を切り開いてきた。寧波商人は積極的に先人に学び、船舶の運輸業や銀行証券業、金物顔料業、不動産業や保険業、開拓や輸出入など新興産業などにも手を出している。同時に彼らは民族的立場もしっかりしており、外国人と競争する勇気があり、情熱的な愛国者である。例えば、かつてイギリス商人に対し乗船切符の値段で対抗した虞洽卿や、最近ではイギリス商人と九《カオ》龍《ルー》倉《ン》の買収で競い成功した包玉剛《ほうぎょくこう》などはセンセーションを巻き起こした寧波商人の美談として語られている。

寧波には「耕作と勉学のどちらをも重視する」という王安石《おうあんせき》の提唱した社会的な雰囲気があり、教育と礼節を重んじ、信用を第一に考える地方文化の精神がある。それは寧波の人々の精神的な支えとして大事にされてきたものである。そのため、近代の寧波商人には、学者の家柄の出身であったり、商人として成功した後も教育に身を投じたり、子や孫を勉学に専念させたりするなどといった特徴が見られる。寧波の学生は子どもの頃から「ビジネスマンになる」準備をしている。それは仕官《しかん》の道にはリスクはつきもので、長年勉強しても官吏として成功するとは限らないため、寧波人は、子どもには八股文（明清代に定められた科挙のスタイル）よりも、書道や尺牘《せきとく》、そして珠算《しゅざん》といった実用的な技術をマスターさせるように教育するという。彼らは学生がまず書道と算盤を上手に勉強すべきだと思っている。そうすれば、将来勉学に失敗して官吏になれなくても、よい商人にはなれるからである。このようにして、寧波商人の予備軍は育成されるのである。

（三）特色産業

1. 中国近代ファッションの発祥地

寧波は海のシルクロードの始発港であり、中国の衣料紡績業《ぼうせきぎょう》における重要な生産拠点でもある。中国初の近代ファッション流派である紅《べに》帮裁縫師《ほうさいほうし》」も寧波で誕生した。「紅帮裁縫師」は「中国初のスーツ」、「中国初のつめえり服」、「中国初の洋服屋」、「中国初のスーツの仕立て裁断本」や「中国初のファッション理論著書」など様々な「初」を生み出し、中国近代ファッションの発祥地と称されている。

2021年寧波のアパレルブロックは、工業生産高が1300億元を超えている。寧波のアパレル産業は優位産業であり、地域経済を支える支柱産業となっている。寧波のアパレル業界はクラスター化、規模化、集約化、シリーズ化などの発展過程を経て、商品イノベーションされ、生産設備も完備され、系統化した。

現在、寧波のアパレル産業は寧波国際ファッションフェスティバルというプラットフォームを通じ、急速に国内外のファッション市場に進出し始めている。「SHANSHAN」、「YANGOR」などといった主流ブランドにとどまらず、「PEACE BIRD」などのニューブランドも雨後の筍のように現れ、急成長を遂げている。現在、寧波のアパレル産業は、スーツ、シャツ、スラックス、婦人服、カジュアルウェア、ユニホーム、子供服、下着、そして毛皮製品など、シリーズ化したさまざまな商品を製造している。また、布帛《ふはく》製品やメリヤス製品、ウールやカシミヤ製品などあらゆる繊維及び衣料産業をカバーした産業クラスターを包括的に形成した。さらには、鄞州《ぎんしゅう》、奉化《ほうか》にスーツ、シャツの生産拠点、香山、北侖《ほくりん》にメリヤス製品の生産拠点、寧海にウール、子供服の生産拠点、そして、海《かい》曙《しょ》に婦人服、流行ファッションの生産拠点が各地に形成された。

2.寧波の新興産業

2020年11月、第一財経新一線都市研究所連合啓信宝は全国の産業分布状況を知るために、全国の337カ所の地級レベル及びそれ以上の都市において、今まさに注目されている新興産業8分野の企業数について調査を行った。その結果によると、寧波は製造業では群を抜いており、次世代情報技術、ハイエンド装備、新素材、新エネルギー、エコ産業、バイオテクノロジー、ビッグデータや産業用インターネットなどといった新興産業の領域において卓越しているという。中でも、寧波はハイエンド装備や新素材、新エネルギー、産業用インターネットといった領域の企業数は全国5位、エコ産業と次世代情報技術ではそれぞれ全国6位と10位を獲得している。寧波の新興産業の中でも特に上海に次いで、二位を獲得したハイエンド装備と上海と深圳《しんせん》に次ぐ3位の新素材産業が最も際立っている。機械装備は「工業の母」、材料は「工業の糧」と言われているように、まさにこの二つの基礎領域における集積効果が寧波の製造業の成功につながっていると言える。

3.「水素エネルギー都市トップテン」にランクイン

寧波は水素エネルギーに富んだ街であると言われており、2021 年８月には、寧波は中国の七大石油化工基地の一つとして、水素の産出規模はすでに 47.63 万トンに達している。不完全な統計によると、寧波は副産物である水素を年間約 7 万 2300 トン外部供給することができる。水素燃料電池乗用車の 100 キロあたりの水素消費量 1 キロ（年間 200 キロ／台）で計算すると、約 36 万台の水素燃料電池乗用車が使用できる。2021 年 6 月、寧波初の水素モデルステーションが鎮海《ちんかい》に誕生し、水素エネルギー電池自動車用のエネルギーステーションとして使用されることになる。ここでは、一日あたり 500 キロの水素を提供することができ、中国で建設された水素充填ステーションとしては最速の記録を打ち立てている。このことから、寧波はすでに水素エネルギー交通時代に突入したということが言える。

寧波にはすでに国内最大の石油化工産業基地や新素材産業基地といった 8 つの一千億クラスの製造業産業クラスターを有しており、水素エネルギー産業の発展において、豊富な産業基礎を提供することができる。また、寧波港の物流業も大変発達しており、舟山港の貨物取扱量はここ数年連続で世界トップにあることから、水素エネルギーは港の積み下ろしやコンテナ収集などといった交通運輸領域における応用の可能性も大きいと言える。さらに、寧波は自動車産業も発達しており、自動車メーカー12 社、自動車部品メーカーが 4400 社余りあり、多くのメーカーはモデルチェンジや変革に積極的で、意欲も強く、早くも水素エネルギー自動車の研究に乗り出しているリーディングカンパニーもあり、水素エネルギー電池自動車産業の発展も大きな可能性が潜んでいると言える。

（四）観光産業

1. 自然人文景観

（1）杭州湾大橋《こうしゅうわんおおはし》

杭州湾大橋は中国浙江省の嘉興《かこう》市と寧波市を繋ぐ、杭州湾海域を跨ぐ海峡大橋である。瀋陽《しんよう》—海口《かいこう》高速（国家高速G15）の一部であり、浙江省北東部の都市高速を構成する重要な一部である。全長36キロ、橋部分の長さは35.7キロである。

（2）寧波オールドバンド

寧波オールドバンドは浙江省寧波市の甬江《ようこう》、奉化江と余姚《よよう》江の三つの河が合流する北岸江北区の港に位置し、寧波古城への入り口である。唐時代の中国の四大港の一つであり、鑑真《がんじん》が日本へ渡った時の出発点でもある。南宋時代の中国の三大港の一つであり、対外貿易の管理を担当する市舶司と呼ばれる役所が設けられていた。「南京条約」締結後、寧波は「五口通商港《ごこうつうしょう》」の一つとなり、1844年に正式に開港した。最新の文化財全面調査の結果から見ると、寧波オールドバンドの54か所ある文化財建築の中で、寧波商人に関係するものは31か所あることが分かった。ここにある建築の多くが19世紀末から20世紀初頭に建てられたものであり、東洋と西洋のスタイルが融合された建物の中には、オフィスや教会、金融や貿易、そして高級住宅など、さまざまな機能の施設がある。そのため、オールドバンド歴史文化保護区は寧波の近代歴史を代表する区域として、「寧波市都市計画」において、6 つある歴史文化保護区の一つに指定されている。

(3) 普陀山《ふださん》景勝地

普陀山は「海天仏国《かいてんぶっこく》、南海の聖境」と称されており、我が国初の重要観光リゾート地であり、中国仏教の四大名山の一つに数えられている。一番高いのは仏頂山《ぶっちょうざん》であり、標高 300 メートルである。普陀山は銭《せん》塘江《とうこう》の河口、舟山諸島の東南海域に位置しており、海に囲まれ、金色の砂浜が続く、風光明媚で爽やかな気候の場所である。有名な観光スポットとしては、潮音洞《ちょうおんどう》、梵音洞《ぼんおんどう》、朝陽洞《ちょうようどう》、普済寺《ふさいじ》、法雨寺《ほううじ》、慧済寺《けいさいじ》、南海観音《なんかいかんのん》、大乗庵《だいじょうあん》などがあり、仏教の聖地として、最盛時には 82 の寺と庵、128 の茅屋《ぼうおく》があり、僧と尼僧は 4000 人余りいたという。中でも普済と法雨、慧済の三大寺院は規模が最も大きく、工夫を凝らした建築は、中国の清時代初期の代表的な寺院建築のものである。

2. 食文化

(1) 寧波湯圓

寧波湯圓（団子の一種）は浙江省寧波市の伝統的な食べ物の一つで、中国の代表料理の一つであるというだけでなく、春節（中国の旧正月）や元宵節《げんしょうせつ》（旧暦 1 月 15 日に行われる伝統的な節句）などの伝統的な祝祭日に食される物であり、その歴史は大変長く、一説には、湯圓の歴史は宋の時代に遡《さかのぼ》るという。当時、明州《みんしゅう》（今の浙江省寧波市）ではある珍しい食べ物が流行っていた。それは黒ゴマとラード、砂糖を混ぜて作った餡を、もち米の粉で丸く包んだもので、煮て食べると、なんとも甘く、趣《おもむき》深《ぶか》い味がするという。鍋の中でもち米の団子が浮かんでは沈む様から、最初は「浮元子」と呼ばれていたが、後に一部の地区で「浮元子」を改め「元宵」と呼ばれるようになった。中国の他の地域の人々とは異なり、寧波では春節の朝から家族が食卓を囲んで湯圓を食べる習慣があると言う。

(2) 寧波年糕

年糕《ねんこう》は日本のいわゆるもちのような食べ物で、中国では大変歴史のあるものである。寧波一帯では、民間で「年糕を食べると年々運が良くなり、今年は去年よりもさらに良くなる」ということわざがあり、そのため、人々はいろいろな型で年糕を「五福《ごふく》」や「六宝《ろくほう》」、「金銭」や「如《にょ》意《い》」など、さまざまな形にかため、万事順調であることや幸運を祈る。また、年糕にはウサギや白鳥などの動物の形をしたものもある。寧波年糕は中国香港や中国台湾などの国内の地域だけでなく、シンガポールやカナダ、オーストラリアなど海外へも輸出販売され、国内外の寧波商人たちに愛されている。寧波では、年糕は主に炒めるかスープで煮込むかの二種の方法で調理されており、油菜《あぶらな》の茎《くき》やなずな、ワタリガニと一緒に炒めるのがベストとされている。

(3) 大湯黄魚（ギクチのスープ）

東海のギクチ調理は寧波の人々の奥の手であり、寧波料理にはよくギクチが食材として使われている。中でも高菜とギクチのスープ、ギクチの湯葉包《ゆばづつ》み、ギクチの磯辺揚《いそべあ》げやギクチのあつものなどは特に有名である。特にギクチのスープは寧波十大名物料理の一つに数えられており、ミルクのように白いスープに、新鮮で柔らかな魚の身とシャキシャキした爽やかな口当たりの高菜《たかな》が合わさってとても口当たりがよい。ギクチのスープと最も相性がいいのは何と言っても高菜であり、一緒に調理すると、スープの旨味がさらに増し、なんとも美味である。

二、温州《おんしゅう》商人

（一）地域の概況

略称「温」または「甌《おう》」の温州市は、浙江省の地級市で、国務院《こくむいん》が定めた東海沿海地域の重要な商業貿易都市であり、区域中心都市である。温州市は、鹿城区《ろくじょうく》、龍湾区《りゅうわんく》、甌海区《おうかいく》、洞頭区《どうとうく》の４つの市管轄《しかんかつ》区《く》と、瑞安市《ずいあんし》、楽清市《らくせいし》、龍港市《りゅうこうし》の３つの県級市、そして永嘉県《えいかけん》、平陽県《へいようけん》、蒼南県《そうなんけん》、文成県《ぶんせいけん》、泰順県《たいじゅんけん》の５つの県に分けられる。2022 年末、温州市の陸域面積は 12102.65 平方キロ、海域面積は 8649 平方キロ、全市の戸籍人口は 831.8 万人、常住人口は 967.9 万人、都市化率は 73.7%である。温州は人口が多く、山地に囲まれて土地が狭く、農耕によって生計を立てることが難しいため、商人が多く生まれた。また、温州は「東洋のユダヤ人」とも称されている。

「天下一の東南の風光」として知られる温州は、中国の歴史文化都市である。古来、温州は「甌地《おうち》」または「東甌《とうおう》」と呼ばれており、西暦 323 年に永嘉郡が設立された。伝説によると、この時に、花をくわえた美しい白い鹿が街を横切ったことから、「鹿城」と名付けられたと言う。唐の時代（西暦 675 年）から温州と呼ばれるようになり、2000 年余りの歴史を持つ都市である。温州は中国の民営企業の先駆けであり、改革開放の最前線陣地《じんち》であり、また、我が国において最初に開放された 14 の沿海都市の一つである。

（二）温州商人文化

温商、つまり温州商人は、徽商《きしょう》、晋商《しんしょう》、申商《しんしょう》、粤商《えつしょう》と並ぶ、中国の地方商人の集団である。古くから商売を営むという伝統を持つ温州商人は、改革開放以後、国内のみならず、海外でも盛んに活躍するようになった。そのため、商工会議所、「温州街」、「温州商城」などが国内外に広く設けられている。温州商人は、頭が切れ、辛抱強く、肝《きも》が据《す》わり、流行に敏感な開拓者であることで名を馳《は》せており、過酷な条件下のアフリカでさえ、温州商人の姿を目にすることができる。温州の商品は世界のあらゆるところで販売されており、温州ライターがその代表的な例である。日本は 1950 年代から 60 年代にかけて、平均経済成長率 8.6%という経済の「奇跡」を起こした。一方、中国は 80 年代以降、世界で経済成長スピードの最も速い国になり、日本を超えて、世界の記録を塗り替え、新たな経済奇跡を起こした。それと同じように、温州市民一人当たりの可処分所得が 15%から 20%の高い割合で増加し、「温州スピード」という言葉は固有名詞として定着した。

温州の繁栄は、永嘉事功学派《えいかじこうがくは》の承継と温州魂《おんしゅうだましい》とかかわっている。

永嘉事功学派《えいかじこうがくは》は、「事功学派《じこうがくは》」、「功利学派《こうりがくは》」とも呼ばれ、南宋時代に浙江省東部の永嘉地区（現在の浙江省温州）で形成された、功利主義を唱える儒家《じゅか》の学派で、南宋時代の浙江省東部の先導的な儒教学派の一つである。永嘉学派は、「経世致用《けいせいちよう》（学問は現実の社会問題を改革するために用いられなければならない）」、「義利併挙《ぎりへいきょ》（道理にかなって、利益をも得る）」と「事功」の思想を提唱し、経書《けいしょ》、歴史、政治制度の研究を重視した。また、通商恵工《つうしょうけいこう》（貿易をすすめ、商工業者に利益をもたらす）と税金の削減を唱え、南宋の振興を探ることを提唱した。

温州商人のビジネスマンとしてのモットーや商売信念、商業倫理など一連の思想の根源は永嘉学派にある。永嘉学派からは温州文化の遺伝子と文化の規範発祥が読み取れる。その永嘉学派は著名な哲学者、文学者、政治評論家である葉適《ようてき》が唱えた思想である。葉適を代表とする「「永嘉事功学派」が提唱した「経世致用」は、温州商人の理念を、哲学的なレベルまで高め、温州の経済や文化に深い影響を与えた。葉適の思想は、中国の台湾・香港、海外の日本・韓国・カナダなどでも広く普及し、大きな影響を与えている。

（三）特色産業

1.「中国の靴街」

制靴業《せいかぎょう》は温州において最大の伝統産業である。2019年の統計によると、世界全体の靴の生産量は243億足であるが、制靴業の約90%の生産量がアジアに集中している。中国の生産量は134.75億足、55.5%を占め、トップに位置しており、他国よりはるかに高い。中国の制靴業は広東、浙江、福建の三省に集中しており、中国全体の80%を占めている。浙江省の制靴企業は主に温州市に集中している。2022年第一四半期における温州市の制靴企業が4921社あり、そのうち靴類輸出企業は800社あまりである。市全体の靴類生産高は103.5億元で、前年同期比16.4%アップしている。そのうち輸出額は61.58億元で、前年同期比32.44%の増加である。

2. 製革業《せいかくぎょう》

2015年全国規模の皮革業は8114社あり、浙江省は1728社と、首位に位置する。浙江省の皮革生産地は省全域に及んでおり、その内主要の産地は温州、海寧、温岭、崇福、平湖である。中でも温州と海寧は最も歴史があり、実力がある。温州の製革業の主な製品は合成皮革《ごうせいひかく》、牛革《ぎゅうかわ》、豚革《ぶたかわ》で、国内最大の合成皮革生産拠点である。2015年『温州市地方誌』の統計によると、温州市の合成皮革企業は67社であり、総生産高は67.21億元である。生産高が億を超える企業は24社、2億元を超える企業は7社ある。温州で生産される合成皮革は、天然皮革に限りなく近い手触りの上、天然皮革より低価格であり、高品質で低価格という強みから国内外の顧客から愛顧《あいこ》を受け、国内だけでなく、南アフリカや東南アジア、ロシアや韓国、そしてベトナムなど、様々な国の市場を席巻している。

3. アパレル業

温州のアパレル産業は1980年代から徐々に規模を成し、現在では温州市の重要な産業の一つとなっている。2016 年の統計によると、アパレルメーカーは 2449 社あり、年生産高は 198.24 億元に達している。温州のアパレル産業は、日本製のスプレンディングマシーンや裁断機《さいだんき》、イタリア製のプレス機など、世界最先端の衣料生産設備の導入によって、市場競争力を大きく高めることができた。これまで、「中国紳士服名城」「中国カジュアル服名城」「中国メリヤス製品名城」「中国紡績アパレルブランド中心都市」などの称号を有している。また、17 の有名アパレルブランド商標と「SEMIR」、「SAINT ANGELO」など九つの中国本土ブランドを有している。また、温州アパレルメーカーの商品はスーツを主としており、寧波と並ぶ二大スーツ市場となっている。

（四）観光産業

1. 自然人文景観

（1）雁蕩山《がんとうざん》

浙江省温州市楽清《らくせい》に位置する雁蕩山は、中国の十大名山であり、我が国初の国家重要景勝地である。「山頂には葦《あし》が生い茂る湖があり、そこに秋には雁が生息している」ことから、雁蕩山という名前がついたという。

雁蕩山は約 1.2 億年前に形成された白亜紀流紋質古火山《はくあきりゅうもんしつこかざん》で、面積は 450 平方キロである。観光スポットは 550 以上あり、その八大名所の中、霊峰《れいほう》、霊岩《れいがん》、大龍湫《だいりゅうしゅう》は特に素晴らしく、「雁蕩三絶《がんとうさんぜつ》」と称されている。雁蕩山は、東海に根を下ろしており、独特の峰《みね》や滝《たき》、洞窟《どうくつ》や尾根などの景色は非常に見応えがあり、「海上の名山」「寰中絶《かんちゅうぜっ》勝《しょう》」と称えられ、古くから「東南第一山」と呼ばれている。雁蕩山は南北朝時代に築かれ、唐宋の時代に栄えた、歴史と文化の蓄積も深い山である。

(2)　劉伯温《りゅうはくおん》故郷観光リゾート

劉伯温故郷観光リゾートは歴史、文化、仏教、民俗、廉潔政治、自然などが一体となった総合型観光リゾートである。2017 年 2 月に国家 5A クラス観光スポット資源評価基準をクリアし、建設された。主に百丈《ひゃくじょう》漈《せい》、劉基廟《りゅうきびょう》、安福寺《あんふくじ》の三つの区域から成っている。

劉基《りゅうき》、字《あざな》伯温《はくおん》、誠意伯《せいいはく》の称号を与えられ、後に太師《たいし》の称号を追贈《ついぞう》されている。おくり名は文成《ぶんせい》である。明朝《みんちょう》開国の元勲《げんくん》であり、軍事家、政治家、そして文学者としても知られている。彼の故郷は文成県天頂湖《てんちょうこ》西側にある南田鎮《なんでんちん》であり、劉基廟、すなわち欽建《きんけん》誠意伯廟《せいいはくびょう》は、浙江省文成県南田鎮華蓋山南麓《かがいさんなんろく》に位置し、劉伯温故郷観光リゾートの二大核心観光スポットの一つである。明朝天順《みんちょうてんじゅん》二年《にねん》（1458 年）に皇帝の命によって建設され、敷地面積およそ 3024 平方メートル、七間回廊合院式木造建築《しちかんかいろうごういんしきもくぞうけんちく》である。そこは静かな環境にあり、古風の素朴なスタイルで、荘厳《そうごん》とした建築である。周りには名所旧跡も多く、元の時代に建てられた徐忠勇祠《じょちゅうゆうじ》や明と清の時代に建てられた古民家群《こみんかぐん》などもみられる。

2. 食文化

温州は土地が肥え、川や湖が多く、海洋資源にも恵まれているため、江南の「魚米《ぎょまい》の郷《さと》（水産物や農作物がよく採れるところ）」と呼ばれている。農作物は水稲《すいとう》を主としており、経済作物はミカン、お茶、枇杷《びわ》、ヤマモモ、サトウキビ等でその数は 160 種を超える。温州周辺の海でとれる魚は太刀魚《たちうお》、フウセイやキグチ、ハモなど 370 種以上、貝類はおよそ 430 種以上である。沿海の干潟《ひがた》の養殖面積は 6.5 万ヘクタールに上り、マテガイ、アカガイ、エビ、カニ、ハマグリなどを養殖している。雑木林には松、杉、クヌギなど、280 種あまりの樹木が植えられている。

温州料理は新鮮な海の幸を主に使用しており、さっぱりとしているが、薄すぎず、深い味わいが特徴である。油やかたくり粉を控える調理方法と材料の切り方を重視し、工夫を凝らしている。「三糸敲魚」、「錦繍魚糸」、「爆墨魚花」は合わせて「瓯菜絶《おうさいぜつ》」と呼ばれている。温州料理は軽食も豊富で、松糕、米面、炒粉乾、馬蹄松、灯盞糕、魚圓など、40-50 種類ほども見られる。

（1）温州魚丸

温州の街には魚丸の屋台や店がたくさんある。温州魚丸の材料は主に魚肉やハモある。その作り方は、ハモを細く切り、酒や味の素、塩をふりかけしばらく寝かせた後、かたくり粉《こ》を加え手でよくもみ込み、手でちぎって沸騰した湯の中に入れてゆで、浮き上がってきたら出来上がりである。それをゆで汁と一緒に碗にすくい、お酢と味の素、胡椒《こしょう》とねぎをちらして食べる。

（2）温州魚餅

温州の伝統的な特産品であり、早くも漢の時代には料理方法が記述され、1921 年にはすでにその名が広く知られていたという。魚餅の材料は東海でとれる冠魚、サワラなどの新鮮な海魚《うみざかな》で、それに独特な調味料を併せ、伝統的なレシピや手法によって添加物は一切使用せずに作られる。温州魚餅は魚の生臭さは一切なく、柔らかく歯触りよく、低カロリーで栄養豊富である。

（3）三糸敲魚

三糸敲魚は伝統的な温州料理で、すでに百年余りの歴史があるという。現在でも、祝い事で、親戚や友人が集まったときは必ず三糸敲魚が食卓に上る。「三糸」とは鶏むね肉とハム、シイタケを千切りにしたもので、敲魚（魚のペーストを叩き、餃子の皮のように薄く伸ばしたもの）とその三糸にスープをくわえて煮たものである。スルッと柔らかな舌触りで、彩もよく、味わい豊かな料理である。

（4）灯盞糕

揚げ物の一種で、温州ならではの名物料理である。伝説によると、清の光緒末頃《こうちょまつころ》、温州人である陳大姆《ちんだいむ》と陳砕姆《ちんさいむ》兄弟が東門陡門頭《とうもんとうもんとう》で屋台を出し、灯盞糕を作って売ったという。灯盞糕の餡は豚のもも肉と大根の千切りで、皮は大豆と米の粉を混ぜ、それを新鮮なラードで揚げて作られていた。その形は楕円形で、古代の菜種油《なたねあぶら》を使ったランプに似ていたことから、「灯盞糕」と名付けられたという。外はカリッと、丸いふちはサクッと柔らかく、餡はさっぱりとしており、独特の風味豊かな味である。

第四章　滬　商

一、地域の概況

別名「滬《ご》」または「申」と呼ばれる上海は、中国の南北海岸線の真ん中に位置し、世界で3番目に大きい川である揚子江《ようすこう》の海入り口にある。周辺の江蘇省、浙江省、安徽省との多くの都市とともに、長江デルタの集積都市を形成している。上海は長い歴史を持つ港湾都市であり、中国の重要な経済、金融、貿易、海運の中心地である。空港は虹橋《ホンチャオ》と浦東《ほとう》の2つあり、市の南東部には2005年12月10日に正式に開港《かいこう》した「洋山《ようさん》深水港」があり、陸地から島まで長さ32.5キロの東海大橋で結ばれている。2006年4月27日にはリニアモーターカーが浦東空港を出発点として、全長31キロメートルの商業運転を開始した。

2021年末現在、上海の行政区域面積は6340.5平方キロメートルで、黄浦江を境《さかい》に浦東と浦西に分かれ、崇明島《すうめいとう》は面積1269.1平方キロメートルで、中国で3番目に大きい島である。

上海は最も人口が多い中国最大の都市であり、第7回国勢人口調査によると、上海の常駐人口は24870895人で、第6回国勢人口調査の2010年比で1851699人増加（8.0%増）しており、年間平均人口成長率は0.8%

である。市の常駐人口のうち、男性が 51.8%、女性が 48.2%を占めている。

2021 年、上海の平均気温は 17.9℃、降水量は 1474.5 ミリである。近年、暑い日が増え、冬の降雪量《こうせつりょう》は減少している。

二、滬商文化と代表的な人物

19 世紀後半、上海は西側列強《にしがわれっきょう》のの砲撃《ほうげき》により、西方の資本主義市場経済の影響を受ける開放都市となることを余儀なくされた。上海を大都市とする発展チャンスとばかりに、国内外の企業が次々と上海にやって来た。上海では、「海納百川《かいのうひゃくせん》（海は、百の川の流れを受けいれ、すべてを融合包摂《ほうせつ》する）」という言葉のような、中国と西洋の思想を融合させた多文化共生都市が形成され、「海派文化」と呼ばれるようになった。

上海商人とは、主に上海を拠点とする事業展開に取り組んでいた実業家を指す。20 世紀初頭《しょとう》、上海商人はすでに国内で最も強力な商人グループになっており、1902 年には、中国初の商工会議所組織である上海商工会議所を設立した。それは 1904 年に正式に中国で「最初の商工会議所」として定評のある上海商工会議所に改組された。

上海商人は主に国内移民で、特に江蘇省と浙江省から多かったという。ロマンと市場チャンスがあふれるこの不思議な街は市場のルールを守り、信用を重視する多くのビジネスエリートを育ててきた。また、独自の「海派《かいは》文化」の影響を受け、現在の上海商人は寛容でオープン、そして抜け目ない性格を持っている。

上海商人のもう一つの特徴は、愛国心と社会的責任感が強いことが挙げられる。「産業を通じて国を救う」という強い志で、上海商人は、産業振興に専念し、企業発展の道に乗り出し、上海の産業発展に多大な貢献をしている。

(1) 劉鴻生（1888-1956 年）

「中国のマッチ王」、「毛織物王《けおりものおう》」と呼ばれ、近代中国で有名な愛国心が強い産業家である。開灤石炭を操業から始め、後にマッチ、セメント、羊毛織りなどの産業に資本を投資した。「石炭の王、マッチの王、羊毛紡績の王、セメントの王」などを兼ね備え、軽重工業、運輸、商業、金融分野でも活躍した、中国屈指の実業家である。近代中国で最も優れた民族企業グループを創立した。

劉鴻生は少年の時、家が困難な状況に陥ったため、大学進学に苦労しており、さまざまな理由で学校を中退し、教師、翻訳者、セールスマンとして働いていた。後に、石炭の輸送に手を出して、最初の資金を手に入れた。その後、積極的に国内の実業投資に乗り出し、まず華商鴻生マッチ公司を創立し、その後華商上海水泥公司、中華煤球公司、大華保険公司、華豊搪瓷公司、章華毛絨紡績公司、中華工業公司、華東煤鉱公司、中国企業銀行を次々と設立し、当時の中国におけるトップの産業家になった。

(2) 章栄初（1901-1972 年）

中国の有名な資本家であり、中国近代の上海の産業巨人の一人である。1928 年に章栄初が設立した上海印染工場は、当時の欧米企業の影響に抵抗して、中国の資本家によって運営された最初の印染工場である。章栄初は、はじめて生糸、織物、染色、綿布の販売流通まで中国人によって全額投資・管理された企業グループを設立した。後に、その企業名を上海紡績印染工場に変更した。

その後、また栄豊紡績工場、蘇中鉄工場、上海皮革工場、泰州紡績工場、豊業ビルなどを設立し、上海における有名な実業家になった。彼は実業にすべての人生を捧げ､1949年にはその資産は1000万元以上に達し、新中国成立初期の浙江省ではその資産を最も多く国内に残した資本家である。

(3) 呉蘊初（1891-1953年）

「味精の王」として知られる、近代における中国の化学専門家、有名な化学工業家、そして中国の塩素アルカリ産業の創設者である。幼い頃、学校を中退し、家族を養うために英語教師として嘉定第 1 小学校に働いた。15 歳で、陸軍部の上海兵工学校に入学、パートをしながら化学を勉強し、それ以降、化学研究の道を歩み始めた。

呉蘊初は1913年に、化学者として漢陽製鉄所に入社し、工場でシリコンレンガとマンガンレンガの試作に成功したことで、レンガ工場長に昇進し、エンジニアの資格を得た。1920 年代に上海に戻り、上海天厨味精工場を創立し、1930 年に天原電化工場を建設した。この工場は、塩酸、苛性ソーダ、漂白剤などの基本的な化学原料を生産する、わが国で最初の塩素アルカリ工場である。1934 年に、耐酸性の陶器パイプ、セラミックプレート、陶器のバルブ、送風機などを製造する天盛陶器工場は、国内における耐酸性の陶器産業の始まりとなった。1935 年に天利窒素ガス工場を設立した。今では、天厨、天原、天盛、天利という四つの軽重化学企業が独自の体制を形成し、中国化学産業の歴史に新たなページを開いたと言えよう。

呉蘊初はまた、中華工業化学研究所を設立し、中国初の「化学工業」という化学工業雑誌を発行した。中国産業標準化協会の設立にも携わり、「工業標準化」という機関紙の発行を支援した。また、化学工学を専攻する優秀な学生と名門校で優れた化学成績を収めた学生に奨励を与えるために、中国初の教育財団である「清寒基金会」を創立した。

三、観光産業

（一）自然人文景観

1. 外灘

外灘（The Bund）は上海市中心部の黄浦区にあり、上海歴史文化街と呼ばれる全長 1.1 キロメートルほどの地域を指す。

この一帯は 19 世紀後半から 20 世紀前半にかけての租界地区であり、当時建設された西洋式高層建築が建ち並んでいる。租界時代の行政と経済の中心であったことから、官庁と銀行が多いが、世界レベルのファッションブランドなどの大型旗艦店や、租界時代のレトロな雰囲気を売り物にしたバーやレストランなどあり、お洒落な街並みとして各地からの観光客を集めている。

「Bund」という名称は、「外国人の河岸」を意味するが、埠頭を意味する英語名の「Band」は、「Bund」に由来する。

2. 陸家嘴

浦東黄浦江のほとりに位置し、外灘と対岸にあり、世界的に有名な金融センター街である。ここには、オリエンタルパール、上海環球金融中心（上海ワールドフィナンシャルセンター）、金茂ビル、上海センタービルなどのランドマークが集まっている。

3. 東方明珠電視塔

1994 年建設完成以降、上海で最も目立つシンボルとして親しまれてきた。その役割はただのテレビ塔にとどまらず、ここでしかできない買い物を楽しんだり、博物館で歴史を学んだり、回転レストランで食べ物を味わったりして、上海屈指の絶景を楽しんだりすることができる。

4. 上海センタービル

2016 年にオープン、2022 年 2 月現在、世界第 2 位の高さ（地上 546 メートル）を誇る高層ビルである。上海タワー展望台に直通するエレベーターが 3 基稼働しており、上りは分速 1080 メートル（秒速 18 メートル）で、地下 2 階（地下約 13 メートル）から 119 階（約 552 メートル）まで 55 秒で到達する。

5. 豫園《よえん》商店街と城隍廟《じょうこうびょう》

上海一の繁華街として栄えていた豫園商城は今や上海市内でいちばん人気の観光地でもある。おいしい食べ物だけではなく、お土産の調達、街ブラ、上海の伝統文化を楽しめる歴史文化商店街でもある。毎日のように世界各国の観光客でにぎわっているが、地元の食事や贈り物を買いにいく場所としてもよく利用されている。

豫園商城内にある豫園は、もとは四川布政使の役人であった潘允端が、両親を喜ばせるために建てた庭であった。1559 年に建設が始まり、20 年以上の時間を費やして、やっと「豫園」と名付けられ、江南特色の私有庭園が造営された。「豫園」は「親を楽しませる」という意味が含まれる。

6. 楓涇《ふうけい》

歴史的にも楓涇は呉と越の繋がるところに位置し、呉越の有名な町として知られていた。楓涇古鎮は典型的な江南の水郷古風の町であり、中国の有名な歴史文化町の第一陣のひとつである。楓涇古鎮の内外には 52

の橋があり、現存している最も古い橋は元代の致河橋で 700 年の歴史がある。この地の特産物は「楓涇四宝」と呼ばれる、黄酒、楓涇丁蹄（ブタ後部トロッターを食材とする）、状元糕《ジュアンユェンガオ》、豆腐乾《とうふかん》である。楓涇を発祥地とする金山農民画《のうみんが》は、国内外で高い評価を得ている。

上海市無形文化遺産に登録されている金山農民画は 1974 年に楓涇鎮に始まった。金山区は 1988 年に、中国文化部によって「現代民画の故郷」に指定された。2006 年 4 月 28 日、楓涇鎮中洪村に金山農民画村が創立され、後に「中国農民画村」に改称され、現在は国レベルの 3A 観光名所となっている。

7. 龍華寺《りゅうかじ》

東呉《とうご》時代の孫権によって、母親を称えるために建てられたのが始まりで、明代成祖の時代に（1403-1424 年）に再建され、龍華寺と呼ばれるようになった。龍華塔は現在の龍華寺の外にあり、八角形《はっかくけい》のレンガと木造の塔である。現在の塔は 7 階建《だ》て、八面体《はちめんたい》で、北宋時代に建立された。龍華寺の名前は、弥勒菩薩《みろくぼさつ》が龍華木の下で仏になったという仏典物語に由来している。

龍華寺は弥勒菩提の道場《どうじょう》で、旧暦 3 月 3 日は弥勒が布袋和尚《ほていおしょう》に化身《けしん》した日と言われており、それを記念するため、春に桃の花が咲く時、龍華寺で記念式典が行われ、お香《こう》が供えられ、多くの信者《しんじゃ》や商人が集まり、廟会（日本語で言えば、縁日《えんにち》）が形成されるという。

1983 年、龍華寺は国務院によって漢民族地域の国レベル仏教寺院として特定された。また、2006 年 5 月 25 日には、宋王朝の古代建物として龍華塔は、国務院によって、国家重点文物保護単位リスト第 6 陣《じん》に登録されている。

8. 静安寺《せいあんじ》

高層ビルが立ち並んでいる南京西路に位置し、その歴史は 1700 年以上前の三国時代までさかのぼる。当初は重元寺《じゅうげんじ》、唐代では永泰院《えいたいいん》と呼ばれていたが、1008 年現在の静安寺に改名され、山門前の泉は「世界第六泉」と称賛されるようになった。

1912 年、中国仏教総協会は静安寺に会所を設立した。1953 年、日本から帰国した持松《じしょう》法師は、静安寺の境内《けいだい》に真言密教《しんごんみっきょう》の道場を設置した。1983 年、国務院は静安寺を漢民族地域の国レベル重点仏教寺院の一つに指定した。現在、静安寺は中国で最も重要な密宗、真言宗道場である。

9. 玉仏寺

玉仏寺は普陀《ふだ》区安源路 170 号に位置する。寺院の名前は、慧根《えいこん》法師がミャンマーから玉仏 2 体を持ち帰ったことから名付けられたという。その 1 体は釈迦牟尼《しゃかむに》の座像で、もう 1 体は釈迦牟尼の横臥像《おうがぞう》である。また、玉仏寺は禅宗の臨済宗《りんざいしゅう》に属し、禅宗を実践していることから、玉仏禅寺としても知られている。最初の玉仏禅寺は、清代光緒帝《こうしょてい》の 26 年（1900 年）に呉淞江湾駅のそばに建立《こんりゅう》され、1918 年に、臨済宗の僧侶《そうりょ》可成《かせい》法師によって現在地に移転された。慧根法師は玉仏禅寺の創始者であり、最初の住職《じゅうしょく》でもある。

（二）食文化

1. 本帮菜

上海料理とも呼ばれ、1930 年代に登場し始めた、上海の街角《まちかど》料理として世界に最初に知られており、一般的に濃厚な赤いソース、蒸し煮などが上海料理の特徴とされている。その後、江蘇省、浙江省、安徽省の料理の特徴が取り入れられ、濃厚な油と赤いソースの伝統的な味を原材料の味と蒸し煮を大事にする料理風格に変更された。原材料の上質と弱火《よわび》の調理法にこだわり、いい匂い、ぱりっとした味、おいしいまろやかな風味を特色とする。最も有名な飯店としては、「緑波廊《みどりなみろう》」、「上海老飯店」など 100 年前後の歴史を持つレストランが挙げられる。代表的な料理には、草頭餅《そうとうもち》、赤焼鮰魚《あかやきかいぎょ》、エビとナマコの炒め物、八宝鴨、腌篤鮮などである。その内、油爆蝦、紅焼肉がとくに多く食べられ、生煎饅頭と小籠包は、地元の小吃の代表としてよく知られている。

2. 四大金剛《スーダージンガン》

上海人は米を毎日の主食としているが、食材を豊かにさせるため、時々ワンタンや麵を食べている。伝統的な家庭の朝食は、前日の残りご飯に水を加えて煮た粥を作り、漬物、塩漬けの卵、発酵豆腐などを添える。「大餅《ダービン》」、「油条《ヨゥティャオ》」、「豆漿《ドウジャン》」、「粢飯《ツーファン》」はレストランや屋台《やたい》で提供される最も一般的な朝食で、「四大金剛」と呼ばれ、親しまれている。これらは安いが、美味しく、食べ応えがあり、歩きながら食べられるので、上海人の味覚と生活リズムに適している。

第五章　蘇　商

一、蘇州商人

（一）地域の概況

蘇州は古く呉《ご》と呼ばれていた。紀元前514年、呉王闔閭王《こうりょおう》が、伍子胥《ごししょ》を都《みやこ》とする闔閭城の建設を命じたことが蘇州の始まりである。この古代都市は2500年以上の変遷を経ており、現在でも、河川に沿って、歴史を感じさせる古い町並みが残っている。歴史的に見ても、この地は優れた人物を輩出し、発達した伝統文化と美しい風景に恵まれてきた。古代人は「上に天国、下に蘇州と杭州」という言葉で、この蘇州と杭州の美しさ、繁栄、富を表現した。

蘇州は現在、江蘇省の地級市であり、国家歴史文化都市、風光明媚《めいび》な観光都市として知られており、また、国のハイテク産業拠点、長江デルタの重要な中心都市の一つにもなっている。2019年12月現在、蘇州には姑蘇《こそ》区、虎丘《こきゅう》区、呉中《ごちゅう》区、相城《しょうじょう》区、呉江《ごこう》区の五つの区があり、その管轄下《かんかつか》に常熟市、張家港市、昆山市、太倉市という四つの県レベルの市と県レベルの蘇州工業団地がある。蘇州は東に上海、南に嘉興《かこう》、西に太湖、北に無錫《むしゃく》に隣接している。その地形は、平野が総面積の 54.8%、海抜約 4 メートル、丘陵が総面積の 2.7%と低く平坦である。蘇州は亜熱帯モンスーンの海洋性気候で、四季がはっきりして降雨量が多く、米、小麦、菜種《なたね》、綿花《めんか》、養蚕《ようさん》、果物を生産している。2020 年には、蘇州の GDP は、上海、北京、深セン、重慶、広州に次ぐ、国内で 6 番目の都市になった。 2020 年の国勢人口調査では、蘇州市街地の居住人口は約 665 万人である。蘇州はまた、古都の街並みを完全に保存している中国の唯一都市である。旧都市部の姑蘇区は、国内で世界文化遺産が最も密集している地域で、建築物に 24 メートルの高さ制限を設けている。

蘇州は呉文化の重要な発祥地であり、中国で最初の国家歴史文化都市に制定された 24 都市の 1 つである。蘇州には、当時の姿を完璧に残している私有庭園の蘇州古典庭園がある。また、中国の大運河蘇州セクションは、世界遺産リストに登録されている。蘇州は、世界遺産都市機構から世界初の「世界遺産モデル都市」の称号を授与されている。

また、評弾《ひょうだん》芸術(歴史 400 年以上)、中国崑曲《こんきょく》(歴史 600 年以上)、蘇州庭園は、有名な歴史文化都市である蘇州の「三大文化財」となっている。蘇州評弾は 2006 年に初の国家無形文化遺産に登録され、昆曲は 2001 年に、ユネスコの「人間の口頭《こうとう》と無形文化遺産の傑作《けっさく》」宣言を受け、2008 年には正式に世界無形文化遺産に登録された。1997 年には、蘇州古典庭園の拙政園《せっせいえん》、留園《りゅうえん》、網師園、環秀山荘が世界文化遺産に登録され、2000 年には、滄浪亭、獅子林、耦園、芸圃、退思園も、蘇州古典園林の拡張プロジェクトとして世界文化遺産に指定された。

（二）蘇州商人文化と代表的な人物

古代の商人の身分は通常「士族、農民、工業、商業」の下位に位置されたが、蘇州は、優れた学者（士族）が多く、彼らは高尚な技術を好み・尊敬していただけでなく、商取引に直接参加する士族も少なくなかった。このような商人は「蘇州の士族商人」と呼ばれ、社会的に一定の評価と尊敬を得ていた。

蘇州は古くから豊富な資源、水路と陸地の輸送の利便性により、商業の発展と繁栄の基礎を築いてきた。呉文化の発生地である蘇州は、歴代の支配者の保護と祝福を受け、多くの裕福層が住み、経済的および文化的な繁栄を遂げてきた。明清時代、蘇州はすでに揚子江の南にある重要な商業中心地であった。現代の蘇州商人の精神は、愛国心、献身、国民保護というビジネス哲学を完全に体現しており、時代の変化にめげず、教育や慈善活動を積極的に支援している。沈万三は蘇州商人の代表的な人物である。

沈万三に関する伝説は多く、彼の生没年はまだ詳細に分かっていない。

伝説によると、湖州《こしゅう》市烏程《うてい》県南潯町《なんふちちょう》に祖先の家を構えており、長州県（現在の江蘇省蘇州）東蔡村《とうさいそん》で生まれた。

元王朝の末に、彼は父親と一緒に蘇州の周荘《しゅうしょう》に移住し、農業を始めた。彼は商人陸道源《りくどうげん》の仕事を手伝うことによって多くの富を稼いだ。その後、沈万山《しんまんざん》は蘇州に茶、絹《きぬ》、農地などのビジネス拠点を置き、同時に、海外貿易活動に力を注ぎ、急速に富を得るようになり、江南地域における最も裕福な男になった。

しかし、明代初期に、万里長城と南京城の再建に多額な寄付したことで、明の太祖に強い猜疑心《さいぎしん》を持たれ、雲南省に送られた。亡命中の彼は古代茶馬古道《ちゃうまこどう》で事業を再開し、活力を取り戻した。死後、周荘鎮の銀子浜《ぎんこはま》に埋葬《まいそう》された。

蘇州で有名な料理「万山蹄《まんざんひづめ》」は、沈万山家に起源している。江南の沈万山を困らせるために、朱元璋は豚足を食べたいと提案したという逸話《いつわ》がある。しかし、地元で作られた豚足は非常に硬く、食べるにはナイフで切る必要があるが、皇帝の前でナイフを使ってはいけないことになっていた。そのため、沈万山は準備した豚足を家に持ち帰り、豚足が非常に柔らかくなるまで弱火《よわび》で煮込み、手で豚足を切り分けた。それから、沈万山は皇帝と皇后に夕食を招き、朱元璋は沈万山を陥れるため、いきなり豚足を指さして「これはどんな料理？」と聞いた。もし、沈万山が「猪蹄（豚足）」と答えたら、「猪蹄（豚足）」と「朱」の発音は、同じであるから、皇帝の足を食べることを意味する。それは皇帝に沈万山の死刑を宣告する口実になる。この瞬間、沈万山は名案を思いつき、「これは万山蹄（豚足）です。皇帝さま、味わってください」と答えた。そこで沈万山は危機を解決した。それ以降、この料理は「万山蹄（豚足）」と改名された。

（三）伝統産業

1. 蘇州刺繡

蘇州刺繡は中国の 4 大刺繡（蘇州刺繡、四川刺繡、湖南刺繡、広東刺繡）の 1 つである。2500 年前、呉王が蘇州に都を置いたとき、地元の絹織物《きぬおりもの》と養蚕業《ようさんぎょう》が非常に発達し、刺繡が普及し始めたと言われている。仲雍の孫娘《まごむすめ》「女紅」が初の刺繡の服を作ったという伝説がある。古代の周太王《しゅうたいおう》の息子である太伯、仲雍は、呉という国を設立するために蘇州に来た時、「髪を切り、体に墨を入れ」という風俗があると聞いた。仲雍は野蛮《やばん》な風俗だと思って、呉国の君主《くんしゅ》になった後は、このような風俗を取り除こうと長老たちと話し合った。服を縫っていた孫娘「女紅」は、彼らの話を耳にした。彼女は縫いながら聞いていたが、偶然針が手に刺さり、一滴《いってき》の血ですぐに布《ぬの》が染まり、徐々に小さな花に変わった。そこで「女紅」はインスピレーションを得た。つまり、墨入れの代わりにドラゴンのパターンを服に刺したのだ。この刺繡の発明者を記念するため、人々は今でも織物、縫製《ほうせい》、刺繡などの活動に従事する女性を「女紅」と呼んでいる。

清朝の末期「繡聖《しゅうせい》」、「針神《はりかみ》」と呼ばれる刺繡芸術家—沈寿（1874-1921 年）は蘇州出身である。彼女は長い歴史をもつ刺繡の良さを広く取り入れ、また西洋美術の遠近感や立体感などを導入して、新しい刺繡法を考案した。

蘇州刺繡では、蘇州ハイテクゾーンの鎮湖鎮刺繡が最も有名である。鎮湖は蘇州刺繡の主な発祥地であり、蘇州刺繡製品の 8 割は鎮湖の刺繡である。

1986 年 10 月、蘇州市は景徳路にある明代建築王鏊祠堂内《おうごうしどうない》に中国蘇州刺繡芸術博物館を設立し、漢王朝から現在までの 200 点以上の刺繡を展示している。

2006 年 5 月 20 日、蘇州刺繡は、中華人民共和国国務院により、国家無形文化遺産の第一陣として登録された。

2. 茶葉《ちゃば》

中国の銘茶《めいちゃ》である碧螺春《へきらしゅん》の産地は、江蘇省の太湖島洞庭山である。清の康熙帝が南巡《なんじゅん》した折、この茶を賞味し、その茶が当時蘇州語「嚇煞人（茶の香が素晴らしくてびっくらたまげた）」という名前であったため、下品な名前だと思い、その茶が緑で形が螺旋状《らせんじょう》で香が馥郁《ふくいく》としていることから「碧螺春」と直々に命名し、それ以降、宮廷で使用するお茶として納めさせたという有名な話がある。碧螺春はその葉が白い産毛を持ち、この白い産毛が多いほど、風味が高いと言われる。

三万昌茶館　清王朝の咸豊帝 5 年目（1855 年）に設立され、蘇州の茶業における老舗である。創業者は蘇州出身の盛尭明で、その字号としての「*三万昌*」とは、「継続的繁栄」を意味する。

汪瑞裕茶号　乾隆帝時代に創業され、関前街の正門に位置し、蘇州の茶業老舗のトップとして知られている。1966 年、春蕾茶屋に改名された。

3. 医薬

蘇州は多くの名医を輩出しており、周王朝から現在まで、1,000 人以上の有名な医師が記録されている。呉地区の漢方医は、儒医、御医、世医で有名であり、独自の医学流派―呉門医派を形成した。清王朝の雍正帝 12 年（1734 年）に、呉門医派の有名な医師である雷大昇（字：允上）が蘇州の七里山塘のほとりにある閶門という古城あたりに「雷允上誦芬堂」を創立し、「雷允上」の名で、患者を診たり、処方箋を書いたり、薬を作ったりして、雷允上薬業が誕生した。

雷允上人は 300 年もの間、「信用を守り、上品を目指す」という企業理念を遵守し、本物の薬草を選び、古代の方法を用い、他の人の長所を取り入れながら、驚くべき効能を持つ有名な薬を発明した。特に「六神丸」に代表された漢方薬は呉門温病流派の大きな業績であり、この薬は 6 つの貴重な薬草で作られ、解毒・腫れ・むくみ・クールダウン・痛みの症状に効果があり、服用後六神（心臓、肺、肝臓、腎臓、脾臓、胆嚢）を静めることができるので、「六神丸」を名付けられた。雷允上のオリジナル薬物「六神丸」は中国伝統医学の宝物として知られ、3 回連続で全国品質金賞を受賞していた。2008 年に雷允上「六神丸」の制作技術が国の無形文化財に認定された。

（四）観光産業

1. 自然人文景観

（1）孫武記念公園

蘇州は孫武の第二の故郷であり、相城区は孫武が引退した場所である。2014 年 12 月、相城区は孫武墓を中心に孫武記念公園の建設を開始した。

孫武記念公園の総面積は約 85,000 平方メートルで、建設面積は 4,000 平方メートルを超えている。川沿いの散歩エリア、市民フィットネスエリア、記念広場エリア、湿地架台エリア、孫武文化エリア、レジャーティールームエリアなどで構成されている。伝統文化の記念場所であるだけでなく、無料で一般公開されている都市公園でもある。

孫武記念公園には高さ 13 メートルの孫武銅像があり、「孫子兵法」13 回を象徴している。孫武文化エリアとレジャーティールームエリアは孫武文化の展示に焦点を当てている。孫武文化コレクション展示では、世界中から集められた 300 以上の孫武文化コレクションが展示されている。

(2) 寒山寺

南朝梁武帝の天監年間 (502-519 年) に創建された歴史ある寺院であるが、その創建当初の名前は、妙利普明塔院と呼ばれていた。唐代の有名な詩僧寒山はこの寺に住んでいたが、唐代の有名な高僧希遷禅師はここで伽藍を創建したため、寒山寺と改名した。しかし、何より寒山寺を有名にしたのは、「月落ち烏啼いて　霜天に満つ　江楓漁火　愁眠に対す　姑蘇城外　寒山寺　夜半の鐘声　客船に到る」で知られる唐代の詩人だった張継が詠んだ『楓橋夜泊』という一首である。

寒山寺は蘇州市楓橋町にあり、臨済宗の禅宗に所属しており、敷地面積は 13000 平方メートルで、3400 平方メートル以上の建築面積がある。数回の火災の後、最後に清代の光緒年間再建された寺院は本堂前庭の両側に 6 本の松の木がある。1976 年に、日本愛媛県からの訪中代表団によって植えられたのである。この木は日本愛媛県の特産物で、五葉松と呼ばれているものである。

(3) 陽澄湖

蘇州市の北東 5km に位置し、太湖地帯で 3 番目の淡水湖である。陽澄湖は水産資源が非常に豊富で、約 70 種類の淡水物が取れる。その中にでも、白魚、ハクレン、淡水エビ、毛ガニは「湖の宝物」であり、特に陽澄湖のカニは「カニの王者」として知られ、世界中に輸出されている。日本語では「上海蟹」と呼ばれている。上海蟹の美味しさは陽澄湖の生態環境に関係している。水域は直径数百マイルで、波打つ青い波、清い水質、浅い水と硬い底、豊富な餌、適した気候条件などが備わっており、カニの成長に最も理想的な場所である。そのため、陽澄湖のカニの形と肉質は、カニの中で最高だという。

近年、陽澄湖高速道路サービスエリアは非常に注目を集めている。このサービスエリアは 1996 年 6 月に稼働し始めていたが、2018 年 6 月から主要建築を改造し、2019 年 7 月 18 日に現在の形で稼働を開始した。

陽澄湖サービスエリアは、「交通+観光」と「交通+文化」という開発コンセプトに、「夢の水町、江南の詩と絵画」を設計されており、蘇州の「一街三園（観前街、留園、獅子林、拙政園)」園林特徴を参考に、「涵碧、荷風、木樨、修竹」という四つの庭園が造られている。サービスエリア本館を貫く観光用の川、その川の両側の古街道が作られ、その上に江南の築 100 年の橋が架けられている。さらに、科学技術体験ホール、飛豚デジタルホール、無形文化遺産展示ホール、カニ文化博物館などの特別サービスなどが設置されている。

2. 食文化

伝説によると、蘇州料理は紀元前 6 世紀に始まったという。蘇州料理は原料の選出、甘い口当たり、濃厚な赤いソースが特徴である。また、素材にこだわるだけでなく、作り方にも最高の工夫を凝らしており、四季折々の特徴がある。料理は、炒め、煮込み、蒸し、茹でに基づいており、特にスープ作りにこだわっている。特製料理には、姑蘇鹵アヒル、カニパウダー豆腐、 腌篤鮮（筍と塩漬け肉と豚肉の煮込みスープ)、陽澄湖カニ、太倉骨肉鬆などがある。

（1）松鼠桂魚

蘇州料理の伝統的な料理である。伝説によると、清王朝の乾隆帝が江南の蘇州に下り、身分を隠して松鶴楼へ来た時、テーブルに供えられた「神聖な魚（鯉魚）」を食べたがったという。店のオーナーは神聖な魚を屠殺する罪から逃れるために、仕方なく魚を店の名前「松」という字にちなんだリス（松鼠）のような形に調理した。これを食べた乾隆帝は大満足であったという。中国の民間人は縁起の良いことを表現するために「鯉が龍の門を飛び越える」という言葉をよく使ったが、後に桂魚が鯉に取って代わった。それ以来、「松鼠桂魚」という名が江南に広がった。

（2）陽澄湖ガニ

カニの体は泥がくっつかず、清水ガニとして知られており、肥満な体、緑色の殻と白い腹、金色の爪と黄色い髪、脂肪の多い肉という特徴がある。旧暦 9 月がメスカニの旬、10 月がオスカニの旬である。調理後には雌は黄金色に、雄は白玉のような形状となり、特に味が良くなる。カニ料理も薬用食であり、『本草綱目』によると、カニは塩辛く、寒冷食、少々毒あり、肝臓と胃袋に治療効果がある。筋肉をリラックスさせ、気を直し、消化効果、通絡、散熱、放血という効果を持つという。

二、無錫商人

（一）地域の概況

無錫は太湖文明の発祥地の一つで、文字記録による歴史が商時代の末に遡ることができる。前 11 世紀末ごろ、周太王の長男である泰伯は、3 番目の弟季歴《きれき》に譲位《じょうい》するため、二番目の弟仲雍と一緒に、江南に到来、梅里（現在の無錫梅村）に定住、城を築き、「勾呉（こうご）」という国を創立した。

無錫の名前は『漢書』で初めて登場し、紀元前 770 年頃、恵山の東側で錫が発見されたとされている。当時、錫は青銅《せいどう》を製錬《せいれん》するための原料であったため、錫の争奪戦は何百年も続いたそうである。戦国時代の終わりには、錫は大きく減少してしまった。紀元前 224 年、秦《しん》始皇帝の将軍である王翦が錫山で「錫《すず》があれば、戦争を起こして天下の不安をもたらす。錫がなければ、天下の安定をもたらす」という言葉が刻まれた石碑《せきひ》を発見した。「無錫天下寧」は、人々の平和な生活への願いを表すものであり、地名としての「無錫」が受け継がれた。

現在、無錫は江蘇省の管轄下にある地級市であり、長江デルタ地域の中心都市の一つである。2020 年まで、市は五つの地区（新呉《しんご》区、浜湖区、梁渓区、錫山区、恵山区）と二つの県レベルの市（江陰《こういん》市と宜興《ぎこう》市）を管轄している。第 7 回国勢人口調査のデータによると、2020 年 11 月 1 日現在、無錫の常駐人口は 7462135 人である。無錫市の地形は平野が多く、丘陵が散在している。気候は亜熱帯湿潤モンスーン気候帯に属し、四季がはっきりしている。

無錫は国家歴史文化都市であり、古くから魚と米の豊かな土地である。また、中国の民族産業と郷鎮《ごうちん》産業の発祥地であり、商業が発達している。2018 年には、中国で最も革新的な 30 都市のひとつに選ばれ、中国で最も優れた観光都市の 17 番目として評価された。

（二）無錫商人文化及代表的な人物

近代の無錫商人文化は清代後期の西洋化運動に端を発し、無錫人である薛福成《せちふくせい》や徐寿《じょじゅ》などの西洋化運動の実践者は、我が国最初の機械産業を創設し、中国社会を封建的農業社会から近代資本主義社会へと転換を促し、中国の国内産業の発展をリードした。

近代の無錫商業文化は、独特で華麗な民族文化真髄である。伝統的な儒商文化に基づいて、無錫商人は西洋資本主義の高度な要素を吸収し、海外の利点を自国文化に取り入れ、中国と西洋を融合させた。無錫商人は愛国、自由、民主という商業精神に基づいて、ビジネスを通して国への貢献を目指した。無錫商人にとって、愛国、誠実、勤勉、信用は基本的なビジネス哲学であり、この新しい思想の影響を受けた無錫商人は、状況判断力、謙虚さと寛容、開拓と革新という特性をより強く意識している。

無錫商人は、西洋の企業システムと家族経営を現代の企業システムにうまく組み合わせた起業家である。錫商文化の台頭と発展は、無錫地域の経済的、社会的、生活的な発展を促進しただけでなく、上海などの産業発展にも影響を及ぼした。近代の無錫商人は、実業立国、産業報国において歴史的な責任を負い、それが近現代における中国の経済と社会の発展に一定の貢献をしたと言える。次に代表的な人物を紹介する。栄宗敬、栄徳生などは無錫商人の代表的な人物である。

栄宗敬（1873-1938 年）、栄徳生（1875-1952 年）　栄家業の創設者であり、無錫栄巷に生まれ、中国最大の民族資本家である。栄家兄弟が生まれたとき、栄家は衰退し始め、兄弟は生徒として銭荘で働いていた。

わずか数年間で、栄家兄弟は起業家精神への道の第一歩を踏み出した。1896 年、その父がほかの人と合弁で銭荘を開設し、栄氏兄弟が社長を務めた。その利益で、実業に投資した。1922 年まで、全国各地に栄家兄弟が創立した製粉所が 12 か所あり、全国に製粉ビジネスを展開した。その中でも「兵船」ブランドの小麦粉は遠く海外でも販売されるようになった。このようにして、栄家兄弟は中国で有名な「小麦粉の王様」になった。1915 年、栄兄弟は上海などで紡績会社を設立した。そのため、栄家兄弟は中国で「綿糸の王様」としても知られている。

19 世紀の終わりから 20 世紀の初めにかけて、栄家に代表される無錫商人の産業家グループは、「国の興亡、すべての人の責任」を自分たちの責任と見なし、重慶、成都、宝鶏、広州などの場所で次々とビジネスを展開した。1936 年には、無錫の薛家の生糸工場だけで生糸を 25000 俵輸出した。薛永泰のリーダーシップの下で、無錫の生糸産業は上海や広東を上回り、国内 1 位となり、無錫は真の「生糸の都」として知られるようになった。無錫は生糸産業、小麦粉産業、繊維産業という三つの産業分野においていずれも全国のトップクラスの実力を誇った。

（三）伝統産業

1. 米市《よねいち》

無錫は古くから米の収穫量が高い地域であり、米の流通中心地でもある。唐と宋の時代、北京-杭州大運河の開通により無錫への便利な水路輸送がもたらされ、無錫は江南の政府用食糧輸送ルートの重要な拠点となった。「明史」によると、朱元璋は、戦略資源を充実させるために「広積糧（大量穀物蓄積）」計画を実施した。そのことによって、無錫を含む江南に多くの穀倉が設置され、穀物の貯蓄と転送に使われた。食料の徴収は蘇州、松江、常州、嘉興、湖州で行われていたが、嘉興と湖州の穀物は不十分なことが多く、無錫で徴収を済ませてから淮安に輸送して保管する必要があった。そのため、無錫の米が高品質であることが広く知れ渡った。清代初期、無錫には 30-40 の穀物店があり、20 世紀初期には、穀物店が 140 軒に上った。1934 年、無錫の商工業界統計によると、穀物店は合計で 307 軒となっている。

時代の変化とともに、無錫米市場は衰退したり、焼失したりして姿を消した。改革開放政策に後押されて、無錫米市場は再び現れた。近年、穀物取引量の急増に伴って、無錫米市場は国内トップの穀物市場となっている。

2. 工業

1895 年、楊家の楊宗濂、楊宗瀚兄弟が故郷に戻り、官営の業勤紡績工場を設立した。古訓の「勤勉に励み、遊びに飢え」という意味から名づけられた業勤紡績工場の設立は、無錫における現代産業の台頭を象徴した。楊家は無錫初の企業を設立する家族になった。楊家の子孫である楊翰西は、業勤紡績工場の経営に参加した後、1917 年に電話会社を設立し、無錫で近代的な通信産業を始めた。

1920-1930 年代まで、無錫は綿織物産業、生糸産業、穀物加工産業を含む三つの柱となる産業を形成し、楊、周、薛、栄、唐蔡、唐程などの 6 大家族グループをはじめとする民族産業グループが次々と出現した。1937 年まで、無錫の工業生産額は、上海と広州に次ぐ国内第 3 位にランクされ、中国の産業と商業の発祥地となり、さまざまな分野で無錫の繁栄を牽引《けんいん》していった。

1930 年代まで、無錫の製糸《せいし》工場数、絹《きぬ》生産量、品質、輸出トン数はいずれも中国のトップを占め、同時に、無錫の伝統的な米埠頭《ふとう》の年間取引量は 1300 万石と、国内の 4 大米市場のトップを占めていた。1936 年、無錫には全部で 315 の工場があり、その産業生産額は 7726 万元と、上海に次ぐ国内第 2 位となった。無錫は江南における近代工業の産業都市となり、中国の 6 大工業都市（注：他は上海、天津、武漢、広州、青島）の中で、民族的な産業と商業を主力とする唯一の都市となり、「小上海」と呼ばれるようになった。

3. 宜興陶器

宜興陶器《とうき》には長い歴史があり、7000 年前の原始社会の新石器時代には、農業や陶器産業に従事する原始住民がいたという。東漢時代、宜興陶器の窯産業はすでに相当の規模であった。晋時代、宜興均山では青瓷が焼かれはじめ、唐代後期から五代時代にかけて、有名な青瓷窯《せいじかま》になった。宋元時代では、丁蜀《ていしょく》と西渚で日用陶器と早期の紫砂が焼かれるようになり、明清時代では、宜興は当時の陶器焼成《しょうせい》の中心地となった。明時代には宜興は紫砂器《しさき》の産地として有名になり、多くの有名な窯元が現れた。宜興は、セラミック原料が豊富で、セラミック産業の発展に適した好条件が揃っている。

宜興の紫砂器の中で、最も賞賛されているのは紫砂壺《しさつぼ》である。紫砂壺は中国で特有の手作り陶器工芸品であり、紫砂粘土《ねんど》を原料とするその製作は16世紀初頭に始まり、宜興市の丁蜀という町が起源だとされる。紫砂壺の人気は、お茶の人気と密接に関係している。紫砂の急須《きゅうす》を使ってお茶を淹れると、お茶本来の味わいが保たれ、茶葉が劣化しにくく、急須が熱くならないので、手に火傷をしにくいというメリットがある。

江蘇省最大の陶器街「中国陶都陶器城」が、2008年11月16日に宜興に完成した。この陶器街は中国宜興陶器博物館や古龍窯跡公園と一体となっており、宜興の特徴的な文化観光地となっている。

中国宜興陶器博物館は、中国で設立された最も初期の専門陶器博物館であり、展示ホールには、古代から現在まで宜興で作られた有名な陶器製品が3万点以上集められ、「五つの金花」として知られている紫砂、青瓷、均陶《きんとう》、彩文土器《さいもんどき》、精陶《せいとう》をここで見ることができる。博物館のコレクションは、宜興セラミックの発展史を体系的に反映しており、年間を通じて8,000を超えるセラミック製品が展示されている。博物館全体は、古代陶器、名作、紫砂、精陶、彩文土器、均陶、青瓷を含む16の展示ホールに分かれている。今日、博物館は宜興の特徴的なランドマークになっている。

（四）観光産業

1. 自然人文景観

（1）霊山大仏

霊山《りょうざん》地区の歴史は、1000年前の唐にさかのぼる。玄奘が西からここに戻って来た時、山と緑が重なる素晴らしい景色を見て、「无殊西竺国霊鷲之勝也（注：インドの霊鷲山《りょうじゅざん》は釈迦牟尼《しゃかむに》が成仏《じょうぶつ》した場所）」と大いに賛美した。そのため、この山は小霊山と名付けられたそうである。

霊山大仏は無錫の小霊山にある世界一高い青銅色の仏像で、そのスケールの大きさが際立っている。霊山大仏は全体の高さが 88 メートル、仏像自体が 79 メートル、仏陀《ぶつだ》の各指の直径は 1 メートルである。大仏は霊山観光地の最奥部にあり、大仏前の広場から大仏の足元まで 288 段の階段がある。

この大仏を拝む時、近くから見ても遠くから見ても、左から見ても右からみても、常に大仏の目に追いかけられ、注目されているように感じられる。仏像の足元に通じるエレベーターが設置されており、観光客は仏陀の足元に行って抱きしめることができるようになっている。これは人々に安らぎと安心を与えることを意味する。

（2）黿頭渚《げんとうぞ》

無錫市の南西、太湖の北西岸に位置し、このエリアの半島がすっぽんの頭の形に似ていることからこの名前が付けられたと言われる。

黿頭渚には早くも梁の時代（502–557 年）に、480 寺院の一つである「広福庵」があったという。明代より以前には、豊かな竹林、深い断崖、崖の石彫刻、太湖の美くしさなどからなる黿頭渚は、無錫の「桃花源」とされ、歴代の多くの人がその美しさを詩に残している。

20 世紀初頭、多くの有名人や高官は黿頭渚の近くに私有の庭園や別荘を建てた。中華民国の初期、無錫出身の楊翰西もここに 60 ムーの山地を購入し、1918 年に黿頭渚公園の建設を開始した。1924 年、楊翰西は山の裏の広福庵をここに移動して、その名前を広福寺に変更し、1925 年には、資金を集めて「陶朱閣」を建設した。鼋頭渚はかつて蔣介石の私有庭園であり、「無錫第一の景勝地」として知られている。

1934 年、無錫の著名な資本家である栄徳生は、60 歳の誕生日を記念して、蠡湖《れいこ》の上に「宝界橋」と呼ばれる長さ 375 メートルの橋を建設した。この橋は梅園、蠡園、鼋頭渚などを結んでおり、観光客が訪れやすくなっている。橋の下にはこの橋を作った人を記念して 60 の橋穴が作られている。

(3) 南禅寺

無錫の南長街古代運河のほとりにある南禅寺は、江南における古代の名寺院の一つで、蕭衍《しょうえん》皇帝時代に建てられた。最初は「護国寺」という名で南王朝の 480 寺院の一つであったが、「梁渓《りょうけい》」という無錫の呼称から、「梁渓大刹《だいさつ》」とも呼ばれていた。唐の時代には、霊山寺と改名され、北宋の天聖時代（1023-1032 年）に北宋皇帝の仁宗は霊山寺を「福聖禅院」と名付けた。「福聖禅院」は南に位置していたため、地理的位置から「南禅寺」と呼ばれていた。北宋の趙佶皇帝が命名した「妙光塔」は、雍熙年間（984 年 11 月-987 年）に建てられ、元、明、清の各時代に多くの災害を経験した。現存の塔は明正統時代（1436-1449 年）に建立された。妙光塔《みょうこうとう》は、八角形の 7 階建てで、高さ 43.3 メートルのパビリオンスタイルのレンガ造り塔である。いま南禅寺の周辺は雑貨店などが立ち並ぶ商業街になっており、南禅寺の外観を引き立たせるデザインになっている。

(4) 恵山古鎮《えさんふるちん》

文化古跡エリア、錫恵風景名勝エリア、歴史文化エリアと森林保護エリアという四つの観光エリアに分かれている。観光地の面積は 3.5 平方キロメートル、その内の核心エリアは 1.09 平方キロメートルであり、錫恵風景名勝エリアは国家重点公園、恵山古町は中国歴史文化名街と評され、そして恵山祠堂群は中国の世界文化遺産予備名簿にも掲載されている。著名な観光スポットとして、良渚錫山原住民遺跡、戦国時春申君馬飼処、南北朝時期恵山寺院園林、唐代天下第二泉、宋代金蓮橋、明代古園寄暢園、唐代から民国までの 108 個の祠、園林と阿炳墓苑《ぼえん》、そして植物専門園—中国杜鵑園などが挙げられる。恵山古鎮は江南における山麓《さんろく》・水郷古鎮の神韻《しんいん》を顕し、傑出《けっしゅつ》な人物が輩出する地である。

恵山泥人《どろじん》　無錫の三大名物（陽山桃、恵山泥人、三鳳橋醤排骨）の 1 つである。恵山の北東斜面の麓にある黒泥《くろどろ》は繊細で柔らかく、成型に適していると言われている。恵山泥人は南北朝時代に始まり、1000 年以上の歴史がある。恵山泥人は明時代に非常に盛んになり、明代後期と清代初期にはプロの泥人工房が現れ始めた。1930 年代には漆喰《しっくい》の技術を恵山泥人の工芸に取り入れ、漆喰土偶を作り出したことにより、恵山泥人は独特のスタイルを形成し、徐々に無錫の最も特色ある製品の一つとなっていった。中国泥人博物館は、無錫の恵山古鎮にある旧無錫恵山泥人工場の跡地にある。

2. 食文化

太湖はわが国で 3 番目に大きい淡水湖であり、優れた自然条件、温暖な気候、豊富な降雨量、特に豊富な物産に恵まれ、30 種類以上の水生生物が生息している。中でも銀魚、ガニ、白エビが最も有名で、レンコン、茭白（ジャオバイ）、クレスなどの水生植物も人気があり、これらの食材は魅力ある郷土料理の材料となっている。

(1) 恵山油酥

原名「重油焼餅」として知られている恵山油酥は、無錫特有の名物である。恵山油酥は、ビーガンオイル、精製された白い粉、ゴマ、ナッツ、刻み瓜などの原材料で焼いて作られている。伝説によると、元代末から明代の初めに恵山寺の僧侶によって作られたもので、神殿の「四天王」像のへそに似た形をしていることから、僧侶が「金剛《こんごう》（天王）肚臍《はらへそ》」と名付けたという。この名は今日まで続いている。

(2) 無錫醤排骨（ソースポークリブ）

独創的な無錫料理である。赤色のソース、サクサクした肉、豊かな骨の香り、濃い肉汁と新鮮な味、塩辛さと甘さ、これらの特徴は無錫料理の伝統的な味を十分に反映し、無錫の長い歴史を持つ郷土料理である。その中で、最も有名なものは三鳳橋醤排骨で、140 年近くの歴史があり、無錫の有名な特産物の 1 つである。

(3) 刀魚麺

「長江三鮮（フグ、ヒラコノシロ、サンマ）」の 1 つとして、美味しくて脂が乗り、栄養価値が高い、無錫江陰市の得意な風味の料理である。江陰の刀魚麺は、繊細で歯ごたえがあり、とても美味しい。たとえば、ハムの細切り、卵皮の細切り、にんにくのみじん切りなどを載せるなら、食欲をそそる忘れられない味わいである。

（4）江陰黒杜酒

江南のもち米で、杜康《とこう》が作ったと言われる独特な酒である。この酒は膠墨のようにみえるが、香りが強く甘いが、口の中でべたつかず、補血や脾臓《ひぞう》を強化する効果を持っており、妊婦の月経を整え、産後の血液を活性化させる強壮酒である。また、アミノ酸やたんぱく質など微量元素が豊富に含まれており、気の調節や血液の栄養、筋肉のリラックス、脾臓や胃袋の治療に効果がある。製造する蒸留所は無錫無形文化遺産承継企業を受賞し、2013 年には地元の古酒ブランド第一陣として認定された。

第六章　徽　商

一、地域の概要

古徽州《ふるきしゅう》は悠久の歴史があり、その誕生は約2000年前である。古徽州は安徽省《あんきしょう》、浙江省《せっこうしょう》、江西省《こうせいしょう》の境界《きょうかい》に位置し、今日の黄山市《こうざんし》を中心とした歴史上の徽州府「一府六県《いっぷろくけん》」（歙県《きゅうけん》、黟県《いけん》、績渓《せきけい》、婺源《ぶげん》、祁門《きむん》、休寧《きゅうねい》）を直轄した。古徽州府は歙県である。徽州の気候は湿潤性《しつじゅんせい》季節風気候で、温和で雨が多く四季がはっきりしている。年平均気温は15-16℃で、雨季は5-8月に集中している。地熱資源が豊富で、空気がきれいな徽州は一年中雲霧《うんむ》が立ちこめており、茶葉《ちゃば》、林木《りんぼく》、果樹《かじゅ》及び農作物の生長に適している。

古徽州は歴史上多くの有名な文人や商人を輩出してきた。例えば、江戸朱子学派《しゅしがくは》の創始者《そうししゃ》藤原惺窩《ふじわらせいか》が尊敬する中国の著名な教育家、思想家、理学家である程顥《ていこう》、程頤《ていい》、朱熹《しゅき》は徽州人である。彼らは「天理は万物《ばんぶつ》の本源《ほんげん》である」と主張し、基本的な道徳価値観である「忠孝《ちゅうこう》節義《せつぎ》」を強調した。この思想は徽州文化の形成に大きな役割を果たし、徽州の商人、文人墨客《ぶんじんぼっきゃく》、職人、民俗演技などに少なからず影響を与えた。徽州文化は現在、相対的に独立した「徽学《きがく》」と呼ばれるようになり、敦煌学《とんこうがく》とチベット学とともに中国における三大地方的顕学《けんがく》と呼ばれている。

徽州は民俗演技も非常に盛んであり、その代表的な芸術である儺舞《なぶ》は、中国の古代舞踊芸術史を研究する「生きた化石」と言われており、ダンサーは様々な素朴で誇張された木彫りの仮面をかぶり、生き生きと踊る。祈願と祈祷《きとう》の儀式として、漢の時代から始まった徽州儺舞は、呪術《じゅじゅつ》的色彩を帯びている。2006 年 5 月、儺舞は国務院の批准を得て第一回国家級無形文化遺産に登録された。

その他の民間演芸は、目蓮戯《もくれんぎ》（一般的には人に善を勧め、仏祖や両親を敬うなどの仏教戯曲）、畳羅漢《ディエルオハン》（複数の人が協力して様々な形を作る。最初はあぐらをかいて座っていた羅漢に形を合わせることで、「畳羅漢」と呼ばれる）、仗鼓舞《チャンゴチュム》（勝利を祝う踊りで、国家レベルの無形文化遺産の一つ）などが挙げられる。

二、徽商文化及び代表的な人物

商工業都市として栄えた徽州は商人の文化も非常に発達してきた。徽州は徽州商人の発祥地である。徽州地域は土がやせて人が多いため、農耕経済が発達せず、「前世は修得せず、徽州で生まれた； 十三歳頃、外に捨てられる。（前世不修，生在徽州；十三四歳，往外一捨丟。）」という歌のように、男の子は 13 歳か 14 歳になると仕事に就くか、商売に出かけるかを余儀なくされていた。

明清時代、徽州商人は富豪を輩出し、中国の商業界を 500 年余りにわたってリードしていた。徽州商人は儒教思想の影響を強く受けていたため、儒学の「仁義礼智信《じんぎれいちしん》」を人に接する行為の基準としていた。次に代表人物を紹介する。

（1） 張小泉《ジャンシャオチュエン》

広く知られた「張小泉」ハサミの創始者張小泉は、幼い頃から家父《かふ》張思家から刀芸《とうげい》を学び、その後杭州で先祖伝来のハサミを作り始めた。浙江龍泉《りゅうせん》の良質な鋼《はがね》を原料とし、伝統技術の改善と革新を加えたため、張小泉のハサミは均一かつ精密で、刃が鋭く、開閉自在で、裁縫《さいほう》、錫細工師《すずざいくし》、庭師などの専門家が求めた理想的なハサミとなった。そこで、各界の需要を満たすために、靴切り、袋切り、裁断切り、枝切り鋏、豚毛《ぶたげ》刈りなど多種類のハサミを生み出した。現在でも、「張小泉」ハサミは300年以上の歴史を持つ老舗として知られている。

(2) 胡雪岩《こせつがん》

紅頂《コウチョウ》商人（中国の清朝では、官吏の帽子の形が赤い円すい形になっていたことから政府官吏を「紅頂」と呼ぶ。政府の官吏でありながら商人の身分で活躍する人を「紅頂商人」と呼ぶ。すなわち「官商」である。清朝の紅頂商人の官位は3品である。）の胡雪岩（1823-1885年）は、徽州生まれである。清代後期の中国では「商売は胡雪岩をならえ、政治は曾国藩《そうこくはん》を見習うべきだ。」という言葉のように胡雪岩は自力で家を興し、その優れた商才によって、全国各地に銭荘《せんそう》を設立し、造船所《ぞうせんじょ》を運営、生糸《きいと》の売買などを行い、「活財神《かつざいしん》」と呼ばれた。また、その政治的才能を利用して、政府の武器調達を援助した。1874年に杭州で胡雪岩が創立した「胡慶余堂《こけいよどう》」漢方薬店は、「真不二価《しんふにか》、百姓《ひゃくしょう》を欺いてはいけない」という言葉を立業《りつぎょう》の基本とし、「江南薬王《やくおう》」の栄誉《えいよ》を得た。今でも「北に同仁堂《どうじんどう》があり、南に慶余堂《けいよどう》がある」と言われている。

三、伝統産業

（一）茶葉

徽州は昔からお茶の産地として知られており、古徽州の各県には特有の茶業《ちゃぎょう》がある。今、代表的な徽茶《きちゃ》としては黄山毛峰《もうほう》、祁門紅茶、茗洲殺青《めいしゅうさっせい》、屯渓緑茶《とんけいりょくちゃ》、婺源緑茶、休寧松羅《しょうら》茶などが代表的な徽茶《きちゃ》としてあげられる。

1. 休寧松羅

徽茶の始祖と呼ばれる松羅は 400 年余り前から休寧県松羅山で生産され、中国の有名な薬用茶である。1930 年、趙公尚が編纂した『中薬大辞典』の中には「松羅茶は徽州で生産され、 油つまりの解消、解熱、息抜き、痰切りという効用がある。」と書かれており、18 世紀ごろからイギリスの貴族たちに愛されていた。松羅茶が他の有名な茶と区別される顕著な特徴は「三重」である。つまり、「松羅茶は香りが七杯目までも続く」という言葉があるように色が重く、香りが重く、味が重いということである。2012 年 1 月 18 日には松羅茶は国家地理標識保護製品とされた。

2. 黄山毛峰

中国の 10 大名茶の一つとして知られる緑茶、黄山毛峰は、19 世紀後半に謝裕大茶荘によって作り出された。このお茶は標高 500-1000 メートル余りの温和で湿潤な気候に恵まれた黄山景勝地で生産されている。恵まれた環境で栽培される黄山毛峰は、1986 年には訪中要人の接待の場で使われ、訪中要人への贈り物のお茶として定められ、また、同年には全国名茶コンクールで栄冠を獲得している。

3.祁門紅茶

100年余りの歴史を持つ中国の十大名茶の一つ、徽州の祁門紅茶（キーマン）は国際市場では、インドのダージリンティー（Darjeeling）、スリランカのウバ（Uva）と並び世界三大紅茶と呼ばれている。1875年、祁門人の胡元龍は福建紅茶の製法を生かして、祁門の伝統的な緑茶から紅茶への転換を試み、紅茶工場を設立した。祁門紅茶は色がつやつやしていて、香りが持続し、口当たりが新鮮である。1915年にはパナマ万国博覧会金賞を受賞した。イギリス王室で最も好まれる飲料だと言われており、現在イギリス、オランダ、ドイツ、日本、ロシアなど数十か国と地域に輸出されている。

徽州では茶葉を豊富に産出し、茶畑を経営することは徽州商人の主要な産業の一つとなっている。徽州のお茶は南朝から始まり、唐代にはすでに全国有数なお茶の産地となり、茶葉販売の集散地となっていた。明清時代は徽茶市場の最盛期で、世々代々の茶商も少なくない。上海に設立された「汪裕泰」、「程裕新」など茶号の老舗は、今でも全国各地からの茶客を惹きつけている。

（二）徽州三彫

徽州三彫とは徽派風の木彫《きぼ》り、石彫《いしぼ》り、レンガ彫りという三つの民間の彫刻技術の略称である。

1. 木彫り

読書を尊ぶ、儒教文化の盛んな徽州では、木彫り芸術にも多くの儒教思想が溶け込んでいる。世界文化遺産に登録されている古村落西逓《せいてい》、宏村《こうそん》の明清徽州木彫りは、世界文化遺産のひとつとして世界文化史に組み込まれている。

2. 石彫り

主に丸彫り、レリーフ、線刻などの技法を用いて、花岡石、大理石などの天然石材を彫刻して作った芸術品や日常品である。徽州石彫は種類が多く、主に家祠《かし》の廊柱《ろうちゅう》、門塀《もんぺい》、牌坊《はいぼう》、墳墓《ふんぼ》などの装飾に使われる。徽州石彫は主に青石と茶園石を石材とし、動物、花卉《かき》、山水、人物などを主な模様としている。

3. レンガ彫り

レンガ彫りは青いレンガに人物、山水、動物などの模様が彫られたもので古代の彫刻の芸術形式である。徽州レンガ彫りは宋代に由来し、徽州建築芸術の発展に伴い、明清時代には門楼《もんろう》、門カバー、軒飛《のきと》び、屋根などに広く使われ、徽州建築の重要な構成部分となった。

木彫り、石彫り、レンガ彫りは徽派建築と巧みに融合し、渾然《こんぜん》一体となって、2006年に第一回国家級無形文化遺産に登録された。

（三）文房四宝

宋代以来、「文房四宝」とは宣筆《せんのふで》、徽墨《きのすみ》、宣紙《せんのかみ》、歙硯《きゅうのすずり》を指し、歴代文人墨客に愛された。

1. 宣筆

秦の大将蒙恬が作り出したものだと伝えられている。唐代の韓愈が書いた『毛穎伝』によると、紀元前223年、楚を征伐した蒙恬が宣城内で、毛の長い兎毛を見つけ、竹の管《くだ》と兎の毛で毛筆を作った。それが「蒙恬筆」と呼ばれるようになったのが宣筆の始まりだという。

2. 徽墨

名墨として名高い徽墨は唐の末頃に、徽州の有名な墨職人奚超とその息子奚廷珪によって作り出された。徽墨は純桐油煙《きりゆえん》、銀箔、天然麝香《じゃこう》を精製したもので、絵画《かいが》、彫刻、書道、造形などのあらゆる芸術に使われている。徽墨は1915年にはパナマ世界博覧会金賞を受賞しており、日本、韓国など10以上の国と地域に輸出されている。2015年には国家地理標識保護製品に加えられている。

3. 宣紙

西暦750年前後の、貢物とされた物の中に宣城郡で生産された紙とペンがあったという。「宣紙」は宋時代以降、曹氏は徽州に移住して、青檀皮《せいだんぴ》（青檀の樹皮）を原料として作り始めたのが始まりとされる。宣紙は2002年に国家地理標識保護製品とされている。

4. 歙硯

唐代から中国の四大名硯の一つと言われている歙硯は「天下の冠」とも言われていた。歙硯に使われるのは、婺源県と歙県の隣接地にある龍尾山の下の渓流あたりで産する硯石で、その石質は非常に優れており、少なくとも 5-10 億年の地質変化を経て形成されるので、歙硯は龍尾硯とも呼ばれる。宋代以降は、石細工はより精巧になり、デザインはよりシンプルで繊細になり、粘り強い質感と水吸収性をもつ硯になっている。歙硯はそのデザインと使い心地で、歴代の風雅にこだわる貴族らのコレクションとなった。

四、観光産業

（一）自然人文景観

1. 黄山

黄山は黄山市境内に位置し、南北約 40 キロメートル、東西約 30 キロメートル、総面積約 1200 平方キロメートルの景勝地である。「五岳から帰ったら山を見ず、黄山から帰ったら岳を見ず」という言葉があるように独特の景観を持つ。黄山観光地域の森林カバー率は 84.7%で、動物の生息と繁殖に理想的な場所である。1990 年、ユネスコの世界文化遺産及び自然遺産に登録された。また、2004 年ユネスコ世界ジオパーク、2015 年世界自然保護連盟（IUCN)、2018 年 7 月 25 日ユネスコ生物圏保護区世界ネットワークに登録された。

2. 斉雲山

古くは白岳と呼ばれ、風光明媚な「黄山白岳甲江南」と称えられている斉雲山は、江西省龍虎山、湖北省武当山、四川省青城山と並んで中国の四大道教名山と言われている。唐代の道士龔栖霞はここに住んだことがあり、宋代には祐聖真武祠《ゆうせいしんぶし》が造られ、道教の中心となった。文人墨客には多くの詩が詠まれており、今でも石碑や崖に刻まれた石刻が 1400 箇所余り残っている。乾隆帝《けんりゅうてい》は斉雲山を「天下無双勝地、江南第一名山」と題し、理学家朱熹《しゅき》も「詠雲岩」という賛美歌を残している。1994 年、国家 4A レベル景勝地、国家級森林公園、国家級地質公園に認定された。

（二）食文化

徽州料理はその独特な味と文化的意味合いを含んでおり、徽州商人の財政的な支えと切り離せない。徽州料理は秦・漢から始まった。麵店などを経営して、外を駆け回る徽州商人にとって、故郷の味を思い出せるほどの徽州料理は格別のものであった。19 世紀末、徽州料理は、中国八大料理系の一つとみなされた。徽州料理の主な特徴としては、焼き料理、煮込み料理、蒸し料理、漬け物などが挙げられ、河の生き物や家禽は徽州料理の主な食材である。伝統的な看板料理としては臭鱖魚《ケツギョ》や毛豆腐などが挙げられる。

1. 臭鱖魚

塩漬け鱖魚とも呼ばれ、魚商人たちは鱖魚を運ぶ途中、新鮮な魚が変質しないように薄い塩水で漬けて鮮度を保ったことが始まりだと伝えられている。塩漬けにした鱖魚の肉は柔らかくておいしいとは思えないが、その表皮から似臭非臭（臭いようで臭くない）という特別な匂いが漂い、味わい深く、今徽州の有名な伝統料理である。

2. 毛豆腐

表面がふわふわとした白い毛カビで覆われた豆腐のことで、発酵させることで植物性たんぱく質が多種のアミノ酸に変質し、複雑な旨みを醸し出す徽州の看板料理である。表面にこの白い毛が生えることから「毛豆腐」と呼ばれている。白い毛カビ生えるまで 12℃前後の室温と 1 週間の自然発酵が必要である。そのため、気候の影響が大きく、他の地域ではこの毛カビが育たず、徽州ならではの料理と言われている。毛豆腐にごま油、にんにくなどの調味料をかけると、その香ばしい香りは、胃袋をガツンと刺激する。

第七章　贛　商

一、地域の概要

江西《こうせい》省の略称は「贛《かん》」であり、中国の東南部、長江の中下流の南岸に位置する。東は浙江《せっこう》省と福建《ふっけん》省、南は広東《かんとん》省、西は湖南《こなん》省、北は湖北《こほく》省と安徽《あんき》省に隣接し、名実ともに内陸省である。さらに、山地、丘陵が多く、亜熱帯に位置するため、季節風気候が著しく、四季の変化がはっきりしている。「物華天宝、人傑地霊（豊富な物産は天の賜物、優秀な人材は地の霊気によって生まれる）」は最初に江西を形容した言葉である。

水資源が豊富で、特に鄱陽湖《はようこ》という全国最大の淡水湖を誇るため、江西省は中国の水稲を主とする重要な食糧生産区の一つである。森林被覆率は全国第二位で、中国東南部で重要な木材、孟宗竹《もうそうちく》の産地の一つとなっている。さらに、自然鉱物資源も全国第一で、非鉄金属冶金工業は特に発達しており、タングステン、銅を主体とする国家の重要非鉄金属生産基地を次第に形成してきた。また、省都の南昌《なんしょう》市は中国の航空機製造拠点の一つで、景徳鎮《けいとくちん》市は陶磁器の生産地として世界に名を轟かせている。

江西省は古代書院の発祥地でもある。唐代の徳安《とくあん》市義門《ぎもん》村の東佳《とうか》書院と高安《こうあん》市の桂岩《けいがん》書院は中国で最初に設立された書院であり、宋代の白鹿洞《はくろくどう》書院は中国四大書院のトップに置かれる。江西省は古代から有名人が輩出し、田園詩人の陶淵明《とうえんめい》、北宋時代の文壇先駆者の欧陽修《おうようしゅう》、改革家の王安石《おうあんせき》、民族英雄の文天祥《ぶんてんしょう》など枚挙にいとまがない。

また、江西省は革命ゆかりの地であり、「赤の地」と称されている。その理由は二つある。一つは全省の赤土《あかつち》を主とする地形による。もう一つは江西省が革命の根拠地として重要な役割を果たしてきたからである。ここには中国革命の揺りかご-井岡山《せいこうざん》、共和国の揺りかご-瑞金《ずいきん》、軍旗が最初に掲げられたところ、すなわち人民軍の揺りかご-南昌、秋収蜂起《しゅうしゅうほうき》[1]の発生地-萍郷《ひょうきょう》など有名な革命聖地がある。これらの貴重な文化遺産も江西省の発展に大きな働きを果たしている。特に「赤い」観光が盛んになっている今日では、江西省は中国のパイオニアとなっている。

---

[1] 1927年9月、中国共産党の毛沢東などが、湖南省や江西省の辺境地域で指導した武装蜂起である。

二、贛商文化と代表的な人物

「贛商《かんしょう》」つまり江西省の商人は昔「江右商邦《こうゆうしょうほう》」と呼ばれ、中国歴史上の十大商人グループの一つであり、晋商《きんしょう》、徽商《きしょう》などと鼎立《ていりつ》し、明清十大商人の中で第三位にランクされていた。江右商人は「賈徳《かとく》」を重んじている。つまり、誠実と信用を重視し、身なりが質素で、仕事に真剣で、消費者の心理を推測し、商機を捉えることに優れている。江右商邦は中国古代商人の中で一番早く成型された、最も実力のある商人グループとされ、中国の工商業を900年余り牛耳っていた。最盛期には、その活動地域と範囲が全国に広がった。主に経営する業界は食糧業、茶業、木材業、鉱業、塩業、江右銭商、造船業などがある。贛商の代表的な人物には李宜民《りぎみん》や周扶九《しゅうふきゅう》が挙げられる。

(1) 李宜民《りぎみん》（1704-1798年）

江西省臨川《りんせん》県生まれであるが、清康熙帝《こうきてい》の末年にペン一本と傘一本を持って桂林に来、手紙などの代筆によって生計を立てていた。雍正《ようせい》時代には、桂林、柳州、太平、鎮安などを行き来し塩の販売をしていた。乾隆《けんりゅう》25年（1760年）には、広西省官府は塩の運送を官営輸送から商業輸送に切り替えた。李宜民はその商業輸送を引き受け、全力で手配したため、広西で最大の塩商となり百万元の富を得た。「臨川李氏」の名声を受けている。彼は金を節約して義を重んじ、善行を重ねた。先祖の祠の修繕、義田の購入、学校及び公共場所の建設などのためには寄付を怠らず、村人の教育にも力を注いだ。

(2)　周扶九《しゅうふきゅう》（1831-1920年）

江西吉安庵陵《きつあんあんりょう》県（今吉安県）の高塘《こうとう》郷で生まれた。塩の購入切符で富を築いた後、一家を挙げて揚州に引っ越した。そこで塩号と銭庄を創立し、揚州最大の塩商となった。辛亥革命《しんがいかくめい》の時、彼は上海に引っ越し、虹廟《こうびょう》の辺りに大量の土地を購入し、上海の土地王と呼ばれた。大量の土地に投資すると同時に、上海の金の取引にも目をつけ、上海の金融市場に身を置いた。不動産、ゴールドビジネスのほかに、彼は中国最大の南通紡績工場、江西初の「九江華豊紡績工場」（後「久興紡績工場」に変更）を創設し、南昌から九江までの南潯鉄道建設に投資した。それによって、膨大な財産を築き、その資産は最大で銀5000万両にも達し、中華民国初期の一番の富豪となった。

三、伝統産業

陶磁器は中国の重要な発明の一つで、知恵と力の結晶といえる。江西省景徳鎮市は世界でも有名な「磁都《じと》」である。景徳鎮の陶磁器は漢の時代に始まった。五代時代の景徳鎮は南方で一番早く白磁《はくじ》を焼いた地として、そしてその白磁の高い質によって地位を確立した。これは、宋代の青花磁器に対しても、元、明、清代の陶磁器の発展に対しても、極めて重要な役割を果たしていた。

景徳鎮は「玉の如く白い、鏡の如く明るい、紙の如く薄い、磬の音の如くよく通る」と称される白磁として名を馳せている。その中で青花磁は白地青花磁とも呼ばれ、よく青花と略称し、中国の磁器の主流の一つである。青花の技術は唐、宋代に始まり、完成した青花磁は元代の景徳鎮の湖田窯に現れた。青花磁器は明代には主流となり、明清の時代には全盛期を迎えた。

古代シルクロードは陶磁器の道でもあり、中国の陶磁器はシルクロードによって海外に運ばれた。輸出の続いた千年余りの間、その販売と輸出の軌跡は文明の発展と驚くほど一致している。つまり、中国の陶磁器は常に世界経済の変化と文化の繁栄に大きな影響を及ぼしていたといえる。康熙年間の海外市場はヨーロッパだけでなく、日本も含まれていた。そのため、輸出磁器は西洋だけではなく、日本のデザインも取り入れられていた。日本では磁器の製作において、江戸時代（1603-1867年）から次第に独自なスタイルを形成するようになっていた。たとえば、菊の花や扇子などの模様が取り入れられたことだ。当時、日本磁器の貿易港が伊万里市にあったため、日本の磁器は「伊万里焼」と呼ばれていた。伊万里磁器の登場はヨーロッパ人の審美にも影響を与えていた。順治帝十二年（1655年）から康熙帝二十三年（1684年）までの30年間、清政府が海禁令を実施したことにより、中国とヨーロッパの市場は中断状態となっていた。そのため、日本の伊万里焼は急速に人気が上昇し、ヨーロッパの主要市場を占めるようになった。そのため、中国は海禁を解除した際、再びヨーロッパ市場を回復するために、伊万里焼の要素を取り入れた、「中国の伊万里」を誕生させたのである。

四、観光産業

（一）自然人文景観

1. 井岡山《けいこうざん》

江西省吉安市井岡山市に位置する、人文景観と自然風景、高山田園を合わせた山岳型観光地である。その景観は雄大、珍奇、険峻、秀麗、閑静であり、山、石、滝、気象、溶洞、温泉、稀有動植物、高山の田園風景といった八種の見どころがある。さらに、井岡山は土地革命初期の中国労農紅軍革命遺跡の集中しているところである。完全に保存された革命旧跡の中には国家級重要文化財保護機構が 10 カ所、省級重要文化財保護機構が 2 カ所、市級重要文化財保護機構が 17 カ所ある。

2. 廬山《ろざん》

江西省九江市の南部に位置し、北に長江、東に鄱陽湖の北西岸に隣接しており、面積は 302 平方キロメートルで。峰々の間には谷、岩穴、滝、渓谷が多く散在し、風景の雄大さ、奇絶さ、険しさ、秀麗さは遥か以前より有名で、「匡廬奇秀甲天下」（匡廬の奇秀は天下一である）と称えられてきた。廬山は詩歌や歌に幾度となく登場しており、中でも蘇軾《そしょく》の「不识庐山真面目，只缘身在此山中」（廬山の本当の姿を知らないのは、ただこの山の中にいるからである）は最も有名である。現在でもその青い山、緑の水、飛瀑、日の出、そして山々に点在する近代的別荘が、多くの観光客を魅了している。また、廬山は仏教と道教の主要拠点として知られており、300 以上の寺、廟、宮、道観などが見られる。

3. 三清山《さんせいざん》

江西省上饒《じょうじょう》市玉山《ぎょくざん》県と徳興《とくこう》市の境に位置する三清山は蓮の葉の形をしており、東南から西北に傾いている。山には玉京峰、玉虚峰、玉華峰という三つの険しい峰があり、まるで三清がその頂上に座っているかのように見えることから名付けられた。三清山は独特の花崗岩の石柱と峰が発達しており、豊富な花崗岩の奇岩と野生の植物、遠近変化の景観と迫力のある雲海によって、世界で唯一無二の景観美学効果を創造し、人を引き付ける自然美で知られている。中国国家地理誌に「中国で最も美しい五つの峰林」の一つに選ばれた。

4. 滕王閣《とうおうかく》

江西省南昌市北西部の贛江東岸にあり、「江南三名楼（岳陽《がくよう》の岳陽楼、武漢《ぶかん》の黄鶴楼《こうかくろう》、南昌の滕王閣《とうおうかく》）の一つ」と称されている。唐の永徽《えいき》4年（西暦653年）に、唐太宗李世民《とうたいそうりせいみん》の弟である「滕王」李元嬰《りげんえい》が滕王閣を初めて建てたことから、この名がついたのである。さらに、初唐の詩人王勃《おうぼつ》が詠んだ「滕王閣序」により、滕王閣は有名になった。

滕王閣の主体建築は高さが57.5メートルで、面積が13000平方メートルである。その下部は古い城壁を象徴する12メートルの台座があり、滕王閣の地下室である。台座以上の本館は「明三暗七」という形式をとっている。つまり外から見ると三階の回廊建築であるが、内部には実際に七階ある。1300年以上の歴史のなかで、滕王閣は実に29回も再建されている。今の新閣は1989年の重陽節に完成されたものである。

（二）食文化

江西省の地方料理は「贛菜」とも言う。歴史が長く、歴代の「文人料理」を受け継いだうえで発展してきた郷土料理である。贛菜には南昌、上饒、九江、贛東、贛南という五大流派がある。調理法においては、火加減を重視し、煨（調味料を加え、長時間弱火で煮込む）、燜（水で揚げたりした材料を煮込む）、燉（とろ火で煮込む）、蒸（蒸す）、炒（炒める）を主とする。食材は、魚、米、山の幸などが好んで使われており、味は、環境や気候ゆえに、唐辛子を入れた辛い料理が多い。ただし、江西料理は、四川料理の痺れるような辛さ、湖南料理の強烈な風味を帯びた辛さ、湖北料理の酸味のある辛さとは異なり、生の唐辛子をより多く使うため、独特な辛さと風味を持つ料理である。

1. 米粉《ビーフン》

水と米から作られ、江南の多くの省で見られるが、江西の米粉は他の地域の米粉よりこしがあり、強火で炒めるのに向いている。作る時には、米粉を茹でて冷水でしめておき、炒める時に多めに油を入れると、米粉が絡まず一本一本はっきりし、食感もなめらかになる。それに、豚肉の千切り、小松菜、唐辛子、ニンニクなども欠かせない材料である。南昌、九江、吉安《きつあん》、萍郷、上饒など江西省の各地には炒め米粉があるが、スタイルにそれぞれ違いがある。

米粉は炒める以外にも、スープに入れたり、あえたりする料理法もある。この二つの調理法は朝食に多く見られる。米粉をスープに入れるやり方は珍しくないが、具に豚レバーや豚の血を使う調理法は江西の特色である。また、あえ米粉の作り方も非常に簡単である。茹でた米粉を冷水や温水でさっと洗ってから水気をきる。それにネギのみじん切りを適量、たくあんを少し、唐辛子味噌を一匙、醤油を少し入れてあえるのが最も伝統的なやり方であるが、最近ではピーナッツやひき肉のトッピングも見られる。

2. 瓦罐湯（ワーグアンスープ）

陶製の入れ物に材料を入れ、様々な貴重な漢方薬とそれに合う食材を入れ、ミネラルウォーターを加え、直径 1 メートルの釜の中に並べる。釜の下に火のついた木炭や練炭が置き、中の壺をゆっくりじっくりと熱し、6 時間以上煮込む。

瓦罐湯は土質陶器のメリットを生かして、陶器の器全体を時間をかけて熱していくことから、材料の旨味がじんわりとスープに溶け出して滋味豊かな味わいとなり、栄養価もそれほど損なわれないとされている。さらに、漢方薬の薬理成分を十分に吸収し、医食同源の効能を十分に果たしている。

3. 潯陽魚片《じんようぎょへん》

潯陽魚片は九江市で最も有名な名物料理であり、その誕生は少なくとも千八百年余りの歴史を遡る。伝説によると、東漢末年に東呉の名将周瑜《しゅうゆ》が柴桑《さいそう》というところに駐兵していた。その時、周瑜が一番好きな料理は柴桑の魚炒めであった。彼の料理人は周瑜夫人の小喬《しょうきょう》の教えた通り、周瑜の故郷である盧江の味付けで柴桑の魚炒めを作り、「都府魚片」と名付けた。その後、「都府魚片」の調理法が柴桑の民間に伝わり、「柴桑魚片」と呼ばれるようになったという。唐の時代には柴桑が「潯陽」と改名したため、「柴桑魚片」も「潯陽魚片」となった。

「魚片」は魚の背肉を長さ 4 センチ、幅 1.3 センチ、厚さ 0.7 センチの切り身にし、卵白、片栗粉、塩、味の素の合わせものを絡ませて両面に焼き色がつくまで焼いておき、更にそれに葱、生姜を入れて炒め、最後に豚骨スープを少し入れ、味の素、料理酒、砂糖、酢、塩を加え、水溶き片栗粉でとろみをつけ、ごま油を回しかけると潯陽魚片《じんようぎょへん》が出来上がる。見た目は黄金色でつやつやしており、食感は柔らかく、栄養たっぷりという。

第八章　鲁　商

一、地域の概要

山東省は中国華北平原《かほくへいげん》の東部、黄河《こうが》の下流に位置し、省都《しょうと》は済《さい》南《なん》である。山東半島《さんとうはんとう》が渤海《ぼっかい》と黄海《こうかい》に突《つ》き出《だ》し、その海岸線《かいがんせん》は3,000キロメートルに及《およ》ぶ。青島《あおしま》、煙台《えんたい》、威海《いかい》、日照《にっしょう》等の都市《とし》で黄金《おうごん》の海岸線《かいがんせん》を構成《こうせい》し、中国北方《ちゅうごくほっぽう》の最高《さいこう》の海浜《かいひん》リゾート地となっている。中部《ちゅうぶ》は山《やま》がちで、山東省《さんとうしょう》の最高地点《さいこうちてん》は泰山《たいざん》の玉皇頂《ぎょくこうちょう》で、標高《ひょうこう》は1545メートルである。黄河は山東省西部を貫《つらぬ》き、山東省の北部で渤海に流入している。

山東省は中国文化の重要な発祥地《はっしょうち》の一つで、歴史《れきし》は悠久《ゆうきゅう》で、文化は大いに発達《はったつ》し、有名人《ゆうめいじん》ゆかりの地《ち》である。約5000年前の大汶《おおぶん》口文《こうぶん》化と竜山《りゅうざん》文化はここで生まれた。山東省は古くから、政治、経済、文化の中心地の一つであった。歴史を見れば、山東では名人が輩出《はいしゅつ》していることが分かる。孔子《こうし》、孟子《もうし》の二代聖人《にだいせいじん》を生んだ儒教《じゅきょう》の聖地《せいち》であり、また『孫子《そんし》の兵法《へいほう》』の孫子、書聖王羲之《しょせいおうぎし》、三国時代の諸葛亮孔明《しょかつりょうこうめい》の古里《ふるさと》でもある。

山東省には、古くから日本と密接《みっせつ》な往来《おうらい》があった。秦《しん》の時代《じだい》、徐福《じょふく》は始皇帝の命令を受け、山東省の膠東半島《こうとうはんとう》から数千人《すうせんにん》を率《ひき》いて日本へ向かった。山東省・琅《ろう》ヤ台《だい》にはいまも、当時《とうじ》、徐福《じょふく》が東《ひがし》へ向《む》かったときの遺跡《いせき》が残《のこ》っている。徐福《じょふく》の一行《いっこう》が着《つ》いたと言われる日本の和歌山県《わかやまけん》と山口県は、山東省と友好関係を結んでいる。

いまの山東省は中国の経済優良省である。主な特産品は青島ビール、濰坊《いほう》の凧《たこ》、済南の羽毛《うもう》画、青島の貝殻画《かいがらが》、淄博《しはく》の美術陶磁器《びじゅつとうじき》、山東阿膠《あきょう》、煙台のリンゴとサクランボなどがあげられる。国際的な祭りとして、4 月の濰坊国際凧祭、8 月の青島国際ビール祭、9 月の国際孔子祭りと泰山国際登頂《とうちょう》祭などが開催され、国内外から多くの人が訪れている。

二、魯商文化及び代表的な人物

魯商《ろしょう》は中国の歴史に比較的早く登場した商人集団で、商《しょう》・周《しゅう》に始まり、春秋戦国に形成され、漢代で成熟した、徽商《きしょう》、晋商《しんしょう》、浙商《せっしょう》、粤商《えつしょう》と同時に、中国の五大商人と認識されている。魯商は至る所に儒家思想を規範にしており、儒家文化を核心とした信用を重《おも》んじる商業道徳を規範とした。すなわち「義《ぎ》を重《おも》んじ、利《り》を尊《とうと》ぶ」及び「貧窮《ひんきゅう》したなら、その身《み》を修養《しゅうよう》する。栄達《えいたつ》したなら天下《てんか》を救済《きゅうさい》する」などという山東商人の道徳的経営が成功をもたらした大きな理由である。魯商は明清《みんしん》時代にピークに達し、北京と華北の主要貿易のみならず東北地方の呉服の卸売《おろしう》りと小売《こうり》、飲食業などを支配した。特に清の嘉慶《かけい》の時代には、東北地方の一部が関内人《かんないじん》に解禁《かいきん》されると、東北に定住する魯商も増えていった。

魯商の代表的な老舗《しにせ》「瑞《ずい》フ祥《しょう》」呉服店《ごふくてん》、正陽楼《しょうようろう》、便宜坊《べんぎほう》などがあげられる。代表的な人物は魏氏《ぎし》の魏肇慶《ぎちょうけい》、清朝末の巨商孟《きょしょうもう》洛川《らくせん》、民国紡織の巨頭苗海南《きょとうびょうかいなん》、盛京《せいきょう》で天合利《てんごうり》糸工房を創立した単文利《たんぶんり》、単文興《たんぶんこう》兄弟などが挙げられる。現代の企業家の中にも、魯商と言われるビジネスマンが、次々と誕生している。魯商による独特な魯商文化は悠久な歴史を持つ地域文化として、中国古代の商業文化の重要な構成部分であり、中国古代の商業文化の形成に顕著《けんちょ》な貢献をした。

三、特色産業

（一）農業

山東省は中国における重要な農業生産地で、小麦《こむぎ》、木綿《もめん》、落花生《らっかせい》などは全国で重要な地位を占めている。山東省はまた果物、野菜、海産物《かいさんぶつ》の主要生産地の一つでもあり、煙台のリンゴ、莱陽《らいよう》のナシ、肥城《ひじょう》のモモ、楽陵《らくりょう》のナツメはよく知られている特産物である。

その中で、山東省寿光《じゅこう》市は、中国有数の野菜生産地の一つとしてハウス栽培《さいばい》技術で知られており、「中国の野菜の故郷」と言われている。その年間の野菜生産量は 400 万トンを超えるという。寿光市の野菜卸売《おろしうり》市場は、中国最大の野菜の生産と流通の集積地として、野菜取引、価格設定、集中配送の３機能の重要な役割を担《にな》っている。山東省は日本にも野菜を輸出しており、その輸出量はは、中国の野菜総輸入量の約 4 分の 1 を占める。今後、日本と山東省の野菜産地との関わりはますます強くなっていくと考えられる。

煙台はリンゴとサクランボを大量に産出している。1990 年代よりリンゴが生産されはじめた。統計によると、2020 年の煙台リンゴ栽培総面積は 280 万ムー、生産量は 575 万トン。煙台のリンゴは百以上の品種があり、中でも「紅富士《べにふじ》」は特に有名である。煙台のリンゴは色鮮《あざ》やかで、甘くみずみずしく、国内外で高い評価を受けている。日本や東南アジアにも大量に輸出されており、日本でも煙台のリンゴは馴染《なじ》みが深い。近年では、リンゴに加え、経済的付加価値が高いサクランボを植え始めており、大きな経済効果が期待できる。サクランボとリンゴはもう煙台の代名詞となっており、リンゴとサクランボの煙台として国内外にその名を知られている。

（二）青島ビール

青島は海沿《うみぞ》いの美しい景色と、オレンジ色の瓦《かわら》屋根で統一された建物などの景観で、近年、観光都市としての側面が知られてきている。国家歴史文化名城に指定された都市であり、2008 年の北京オリンピックのサブ会場でもある。中国の有名な家電メーカーとなったハイアールや中国の有名なテレビメーカーであるハイセンスも青島を本拠《ほんきょ》とする。

1903 年ドイツとイギリスの投資家が青島でビール会社を興《おこ》し、ドイツのビールを作り始めた。1903 年に誕生した「青島ビール」は、中国でもっとも早く誕生したビールブランドの 1 つである。青島ビールはドイツのビール製造技術により作られた中国を代表するビールである。1993 年には中国の国有企業として初めて香港取引所《とりひきしょ》に上場《じょうじょう》した。2008 年には北京オリンピック公式スポンサーになった。数々のビールコンテストで金賞を受賞《じゅしょう》しており、国内外からの評価も高い。2022 年末現在、青島ビールは全国において 60 社近くのビール生産企業を持ち、世界 100 以上の国と地域に販売され、世界第 5 位のビールメーカーとなっている。日本向けに出荷《しゅっか》されている青島ビールは、世界で名高《なだか》いラオ山の湧《わ》き水《みず》を使用し、青島市にある第一工場で醸造《じょうぞう》されている。

いまの青島ビールは、非常にマイルドな口当《くちあ》たりとスムーズなのどごしで消費者に大人気であり、今やすっかり青島人の生活に溶け込んでいる。青島ビール博物館に行けば、青島ビールの歴史を知ることができ、ビールの原酒《げんしゅ》と純生《じゅんせい》ビールの試飲《しいん》もできる。青島で毎年 8 月中旬《ちゅうじゅん》に開催《かいさい》された青島国際ビール祭りは国際的にも人気のあるお祭りであり、文化イベントなど様々な催《もよお》しが行われる。

（三）張裕葡萄酒

1892 年に創業《そうぎょう》した煙台張裕醸酒公司《ちょうゆうじょうしゅコンス》は、現在では中国ひいてはアジア第一のワイン製造会社となっている。張裕は主に葡萄酒、ブランデー、シャンパン、健康酒といった四つのシリーズ数百種類の酒を生産している。2018 年 3 月現在、張裕は、海外を含めワイナリー13 軒と工場 21 カ所を有し、70 を超える国と地域で販売されている。2018 年には国家工商総局から、「煙台葡萄酒」という名称で国家地理表示《ひょうじ》商標《しょうひょう》の登録許可が授与されている。また、張裕酒文化博物館は中国ではじめての専門的な酒文化博物館で、中国の葡萄酒文化の魅力を見せ、毎年国内外の観光客を引き付けている。

四、観光産業

（一）自然人文景観

山東省には悠久の歴史と豊かな自然によって育まれた「一山、一水、一聖人」という言葉がある。一山は天下で一番の山と言われ、中国初の世界ユネスコ自然遺産・文化遺産であり、歴代の皇帝達が天地を祀《まつ》る泰山のことで、一水は済南のホウ突泉《とつせん》で、一聖人は儒教の創始者である孔子のことを指す。山東省は観光地として国内外でも人気があるようである。

1. 泰山

泰山《たいざん》は山東省中部の泰安《たいあん》市に位置し、秦の始皇帝や前漢《ぜんかん》の武帝《ぶてい》らが天地を祀る儀式「封禅《ほうぜん》」を執《と》り行ったところであり、五岳《ごがく》（泰山、嵩山《すうざん》、華山、衡山《こうざん》、恒山《こうざん》）の長といわれ、古くから中国の人々に崇《あが》められてきた。泰山には石窟《せっくつ》72ヵ所、滝《たき》64ヵ所、泉《いずみ》72ヵ所、古木、名木《めいぼく》1万株《かぶ》以上、古遺跡42ヵ所、古墳《こふん》13ヵ所、古建築58ヵ所、石刻《せっこく》1277ヵ所、近現代文化財12ヵ所がある。

麓《ふもと》にある岱廟《たいびょう》は泰山の神々が祀られている神聖《しんせい》な場所であり、有名な道教《どうきょう》の聖地でもある。現在でも昔の建物がそのまま保存されており、その中では国宝レベルの宋の時代の巨大な壁画《へきが》や歴代の石碑《せきひ》に彫《ほ》りつけた文字や図画《ずが》などの文化財が鑑賞可能である。岱廟は古代の皇帝の宮城《きゅうじょう》を真似《まね》て建てられており、そこでは高い城壁《じょうへき》、雄大な宮殿《きゅうでん》と、典型的な中国建築の形を見ることができる。総面積9.6万平方メートルにもおよび、中国に現存する最高様式の廟宇《びょうう》建築の一つと言われている。岱廟の建物の規模は広く、岱廟の天貺殿《てんきょうてん》は、故宮《こきゅう》の太和殿《たいわでん》、曲阜孔子廟《きょくふこうしびょう》の大成殿《たいせいでん》とともに中国三大宮殿建築と称される。

泰山は標高《ひょうこう》1545メートルの主峰玉皇頂《ぎょくこうちょう》を中心に、放射状の分布を呈している。山頂まではおよそ7000段の階段が続いており、その道々には世界遺産に登録されている建物や貴重な石碑が見られる。途中1633段の石段が続く十八盤《じゅうはちばん》を越え、南天門《なんてんもん》をくぐると、そこから20分程で頂上に到着する。徒歩で登ると4-5時間かかるが、現在はロープウェイでの登頂が可能となっている。玉皇頂には有名な玉皇廟《ぎょくこうびょう》があり、この西側から下を見下ろすと黄河が広がる。玉皇廟は明時代に改修されたというが、歴代の皇帝が築《きず》いた祭壇《さいだん》や「泰山極頂《きょくちょう》」と刻《きざ》まれた石碑も、歴史の奥深《おくぶか》さを感じさせてくれる。玉皇頂の山頂から回りを見渡すと「一覧衆山小《いちらんしゅうさんしょう》」と言われる絶景が広がる。現在、玉皇頂は泰山で一番美しい日の出が見える最良の場所であり、中国の美しい山河を眺める絶好の場所でもある。

泰山の四大自然景観として日の出、雲海《うんかい》と玉の月、夕焼《ゆうや》け、黄河金帯などがあげられる。孔子や杜甫《とほ》もこの地を訪れ、雄壮《ゆうそう》で美しい景色に身を置き、後世《こうせい》に残る素晴らしい詩を謳《うた》っている。

2.孔廟

孔子（紀元前551-前479年）は中国春秋時代の偉大な思想家、政治家、教育者である。孔子が樹立《じゅりつ》した儒学は、東アジアの文化や欧州の啓蒙《けいもう》運動に多大な影響を与えた。徳《とく》や礼《れい》、義《ぎ》などを重視し、上下長幼《じょうげちょうよう》の順を重んじる儒教は、漢代以降中国の歴代王朝によって支配体系の根幹《こんかん》とされてきた。日本でも、江戸時代に朱子学《しゅしがく》として広められ、今日の日本一般社会にも多大な影響を及《およ》ぼしている。孔子は中国では中国最初の商人して尊敬されている。それは孔子がはじめて商人の道徳基準、つまり「君子《くんし》は財《ざい》を欲《ほっ》するも、その取得《しゅとく》には徳行《とっこう》というものがある」という規範を定《さだ》めたからである。次の日本の一万円紙幣《しへい》のアバターとなる渋沢栄一《しぶさわえいいち》は、『論語《ろんご》とそろばん』という本を書き、日本のビジネスマンの行動規範を示した。そこからも孔子が与えた日本商人への影響が窺《うかが》える。

山東省の曲阜《きょくふ》市は春秋戦国時代魯国の都《みやこ》だった所で、孔子の故郷でもある。人口の約5分の1が「孔」の姓を持っている。1982年に中国政府指定の「国家歴史文化名城」の称号《しょうごう》が与えられた。曲阜市にある孔子廟は孔子とその末裔《まつえい》を祀った孔子廟である。孔子廟、邸宅《ていたく》である孔府、墓地《ぼち》である孔林《こうりん》は合わせて「三孔」と呼ばれている巨大な建築群で、1994年に世界遺産に登録された。曲阜の孔子廟は南京の夫子廟《ふうしびょう》、北京の孔子廟、吉林《きつりん》の文廟《ぶんびょう》とともに中国四大文廟のひとつとして知られている。

孔廟は、魯国の哀公《あいこう》が孔子が亡くなった翌年（紀元前478年）に孔子を祀るために建てたものである。孔子の旧宅《きゅうたく》を廟にしたとされ、当初は部屋が3つだけであったが、中国歴代の皇帝によって増築《ぞうちく》・補修された結果、今日の宮殿のような壮大な建築群となり、部屋数も464となった。正殿である大成殿には孔子の神像が祀られている。また歴代の碑文《ひぶん》を記《しる》した石板《せきばん》などが1000個あまり現存されており、封建《ほうけん》社会の政治、経済、文化、芸術を研究する上で貴重な史料となっている。

孔府は、孔子の直系《ちょっけい》が暮らしていた住宅である。封建社会の官庁型荘園《しょうえん》の典型で、400以上の建築物を有し、中国では明、清の皇帝宮殿に次《つ》ぐ規模である。孔府には明・清の歴代皇帝が下賜《かし》した官服《かんぷく》や日常の衣料品、歴史的な衣服やそのほかの歴史文物などが収蔵されている。

至聖林《しせいりん》とも呼ばれる孔林は、孔子とその後裔《こうえい》が眠《ねむ》る墓地《ぼち》である。孔子一族の墓《はか》は10万以上にのぼる。ひとつの家系《かけい》が葬られた墓地としては世界で最古、最大の規模である。周囲は高い木々で覆われて自然植物園のようである。

そのほかに、「泉《いずみ》の都市」と呼ばれた済南にあるホウ突泉が大明湖《だいみんこ》、千仏山《せんぶつざん》と一緒に「勝地《しょうち》三ヶ所」と呼ばれる。ホウ突泉は2700年前の春秋時代から知られてきた名泉で、多くの文人墨客《ぶんじんぼっきゃく》に愛され、清の乾隆帝《けんりゅうてい》は、この泉を「天下第一泉」とした。また、清の時代の末期の北洋海軍基地劉公島《りゅうこうとう》、養馬島《ようばとう》、蓬莱閣《ほうらいかく》、明の時代の戚継光《せきけいこう》が旧日本に抵抗する登州水城《とうしゅうすいじょう》、山東西部の梁山水泊《りょうざんすいはく》、微山湖《びざんこ》などがある。その中で、蓬莱閣は黄鶴楼《こうかくろう》、岳陽楼《がくようろう》、滕王閣《とうおうかく》とともに「中国四大名楼」と称される。「八仙」が海を渡った伝説や海上に浮かぶ蜃気楼《しんきろう》で有名である。

（二）食文化

山東料理は魯菜と呼ばれ、中国四大料理の筆頭である。その歴史は北宋の頃まで遡《さかのぼ》ることができ、明・清のころには宮廷《きゅうてい》料理として食され、北京料理の原型とも言われ、「北方食」の代表とも言われている。現在の魯菜は済南、膠南の地方料理が発展したものである。山東省の沿海一帯は海が近いことから海鮮を使った料理が多く、内陸《ないりく》では家畜《かちく》、家禽、野菜、淡水魚《たんすいぎょ》の種類が豊富である。山東料理は調理法が独自に洗練《せんれん》されており、その特徴は食材本来の味を重視することである。山東料理は、香りがよくて塩辛く、歯ごたえはやわらかく、彩りが鮮やかでつくりは繊細《せんさい》なことが特徴である。透明感のある白いスープがよく使われ、ねぎなどを香味料に使う。

代表的な料理として徳州扒鶏（揚げた鶏のじっくり煮込み）、糖醋鯉魚（鯉の唐揚げ甘酢あんかけ）、木須肉（きくらげと豚肉の卵炒め）、油燜大蝦（エビの炒め煮）などがある。その中で、徳州扒鶏は山東省徳州市の名物料理で、「天下第一鶏」と呼ばれている。徳州扒鶏の調理技術は中国の無形文化遺産に登録されている。

また、水餃子《すいぎょうざ》も多くの人に好まれる山東料理である。餃子は華北の料理だと思われているが、そのルーツは山東省にある。その中でも、新鮮なサワラの身をよく叩き、少量の豚肉とニラを合わせて、少しずつ水を加えながら材料を練《ね》っていくサワラ水餃子は山東省沿海一帯の特色ある料理である。できあがったサワラ水餃子は一般的な水餃子より大ぶりで、風味がよく、独自の特色を持っている。

第九章　晋　商

一、地域の概要

山西省は黄土高原に位置し、南北に細長い地形で、西は黄河の左岸《さがん》、東は太行山の西側に位置している。山西省の海抜は北から南に向かって漸減《ぜんげん》しており、最北の大同盆地《ぼんち》では海抜1000メートル以上であるが、晋南盆地では海抜 400 メートルである。山西全省の土地面積のうち、山地が 73.8%、黄土丘陵地が 11.7%、盆地平原が 14.5%を占めている。陸地の水源は非常に乏しい上に、10 年のうち 9 年は来るという干ばつと雨量不足のため、土地はやせており、人々は貧しかった。唐宋時代以降はこのような自然環境と、人口の増加に伴い、山西省は食糧が不足している省となった。

人口が多く耕地が少ない上に、権力者や地主階級による搾取《さくしゅ》で、人々は畑を耕《たがや》すことができず、当時の皇帝は「山西の田地が多いが、権力者が独占しており、一人が 450 ムーまでの世帯がある。そのため、民は田畑を耕すことができず、陰山の悪地に移住して、どう生きていくのか。」①と嘆いた。この状況は300年余りにわたって続いた。

① 『金史』志第28『食貨二』。

明代には、人口の増加により食糧が不足し、人々は生活に困窮した。明の洪武《こうぶ》皇帝から永楽《えいらく》皇帝までの時代には、この問題を解決させるために、山西省の山西太原、平陽などから何回にも渡り、全国各地に人々を移住させた。明代初期に洪洞県大槐樹を経て全国各地に移住した移民の数は、百万人に達した。他省に移住した山西人は、故郷を聞かれたら、「私の家はどこかと聞くと、山西省にある洪洞大槐樹」と答える。

二、晋商文化と代表的な人物

中国の明・清時代以降の近代経済発展史において、ユーラシアを駆け巡った晋商《しんしょう》という山西省の商人が注目を集めている。山西省の中でも、特に太谷、祁県、楡次、平遥などの太原商人と呼ばれる人々は商業・貿易分野の仕事に携わり、幅広い分野で活躍した。早くも金融面においては主導権を握り、銭荘《ぜにそう》券号と呼ばれる旧式の金融機関は全国に広がった。

晋商は中国の比較的早期に誕生した商人で、その歴史は春秋戦国時代までさかのぼることができる。晋商の最盛期である明清時代には、中国十大商人のトップとなり、中国の経済界を 500 年以上にわたって支配していた。晋商の家族は一般の官僚・士族家族と異なり、商業的な焼き印を深くつけた、中国の伝統的な文化を重んじる商人のことである。

晋商の代表的人物である王文顕はかつて「商人と役人は、仕事は違うがその心は同じである。良い商人とは、商売の場でも、高潔さを培い、利益は得ても不正なことはしてはならない。」[1]と言葉を残している。この論述は商売の基本的なルールを明らかにしただけでなく、役人と商人のための基本的な基準を示している。王文顕ら晋商は、いつ、どんな状況にあっても、この法則に従って世を渡り、商売に従事さえすれば、きっと非凡な事業を遂げられるだろうと思っている。晋商の成功の根源は「誠実」と「団結」という商人政策にあると強調しているのだ。次に代表的な人物を紹介する。

（1）喬致庸《きょうちよう》（1818–1907年）

尊称「亮財主《りょうざいしゅ》」。彼はキャリアを積んで偉業を成し遂げたいと思っていたが、科挙《かきょ》の秀才《しゅうさい》に合格してすぐ、彼を育ててくれた兄が病没《びょうぼつ》したので、学業をやめて家業を継ぐことになり、家族・資産管理の重責を負わなければならなかった。喬致庸は富や名声には興味がなく、読書が大好きで、商売はやりたいことでも得意なことでもなかったが、親切で、従業員を寛容で、おおらかで慎重な喬致庸の人柄は広く知られ、多くの人が彼の下で働きたいと願った。加えて、彼は「私欲を捨て、薄利で広く販売し、信用を守り、偽善《ぎぜん》をしない」という儒教理念を経営の指針とした。その十数年後、家業である包頭商号の利益が倍増し、「復盛公《ふくせいこう》」のほかに、「復盛全」、「復盛西」など多くの商号を増設し、包頭全体の市場を左右しているため、「先に復盛公があり、後に包頭城がある」という説が残された。

---

① （明）李夢陽：『空同集』巻44『明故王文顕墓誌銘』。

それ以外にも、喬致庸は銭荘と呼ばれる金融機関、質屋も経営していた。1884 年には大徳通、大徳恒という票号という為替業務を扱う店舗を開設した。清末までに、喬家一族は国内外の各地に票号、銭荘の支店を設立し、中国の金融業の発展に貢献した。

(2) 雷履泰（1770-1849 年）

山西省平遥県洪保村出身。日升昌の初代番頭、日升昌票号という山西票号を初めて作ったため、中国票号の創始者とみなされている。日升昌票号は中国史上初の民間金融機関で、「滙通天下（その票号は世界に広がる)」と言われていた。その支店は全国の各大都市に及び、現代銀行の元祖《がんそ》である。

三、伝統産業

（一）石炭化学工業

山西省の鉱物資源は非常に豊富で、その中で炭鉱、アルミ土、鉄などが最も多く、特に石炭資源に恵まれている。考証によると、山西地域の石炭の最初記録は、『山海経《さんかいきょう》』に見られる。当初は火を取ったり、病気を治したり、字を書いたりするなどの日常生活に使われていたが、宋金時代には、石炭は重要なエネルギー源として、製錬《せいれん》、石灰焼き、れんが焼き、製陶など手工業に用いられ、明清時代、石炭は広く利用・採掘され、山西省の多くの町に石炭店ができ、陝西省、河南省などの地域に販売された。20 世紀初期、山西炭鉱の採掘業《さいくつぎょう》は近代的な生産へと進化を遂げるようになった。

18 世紀半ば、産業革命の波の下で冶金《やきん》コークスの需要が大幅に増加し、石炭は冶金用コークスとガスの生産に大量に使用されるようになり、19 世紀に完全な石炭化学工業体系が形成された。石炭化学工業とは石炭を原料とし、化学加工によって石炭を気体、液体、固体燃料などに加工するものである。山西省太原は新中国成立当初に建設された三大化学工業基地の一つで、石炭化学工業は山西省の「看板」産業となった。山西省は国際的な技術を用いて、伝統的な石炭化学工業の生産過程を改善し、新たな化学物質とファインケミカル製品を生み出している。また、粗悪《そあく》石炭をクリーンエネルギー、高級潤滑油などに換える産業転換基地を設立している。

（二）山西酢

山西省では、古くから広い地域で塩と酢を好む習慣がある。これはこの地の風土と気候、自然環境、雑穀《ざっこく》を中心とした食生活と繋がりがある。例えば、質素な食卓では調味料として酢や塩が使われ、過酷な労働の後では、体が塩を必要とすることである。山西省では料理に多くの酢を使うことはよく知られている。また、山西省は「硬水《こうすい》」で、水のアルカリ性が強く、当時の人々が主食としていたコウリャン、蕎麦《そば》などの雑穀は、いずれも消化されにくい、酢で中和し、消化を助ける必要があった。山西酢は栄養効果が非常に高く、一定の食事療法効果がある。山西各地に独自の名酢《なす》があり、そのうちでも「山西老陳酢」は味が最もよく、最高の調味料と言える。

（三）山西酒

唐代の名詩人杜牧が書いた「酒屋はどこかとたずねれば、牧童《ぼくどう》は遠く杏花村を指さす」という詩の中の山西杏花村の汾酒は、すでに千年余りの醸造歴史を持っている。透き通るような透明な色、清らかで長く続く香り、唾液の分泌を促進する美味しい味で、「仙酒」、「玉液」、「瓊漿《けいしょう》」と褒美され、山西人の誇りとなっている。その他にも、竹葉青、長治潞酒、祁県六曲香酒、蒲州桑落酒、忻州特曲酒、汾雁香酒、隰県玉屏酒、垣曲菖蒲酒などが挙げられる。

四、観光産業

（一）自然人文景観

1. 喬家大院《きょうけだいいん》

1756 年に建てられ、祁県喬家堡村に位置し、別名「在中堂」とも呼ばれ、清時代の全国でも有名な商業・金融資本家の喬致庸の邸宅《ていたく》である。空から喬家大院を見下ろしてみると、縁起《えんぎ》が良いということを意味する漢字「囍《ぎ》」の字のようである。屋敷の建築様式は雄大・壮観で洗練されており、わが国の清代民家建築の独特な様式を十分に体現しており、鑑賞、研究、保存の価値を兼ね備えており、「皇家に故宮があり、民家は喬家を見よ」と言われている。『真っ赤な提灯《ちょうちん》』、『昌晋源票号《しょうしんげんひょうごう》』、『趙四お嬢さんと張学良』、『喬家大院』など40以上の映画がここで撮影された。

2. 平遥古城

山西省中部平遥県内にあり、西周宣王《せんおう》時代（紀元前 827-紀元前 782年）に建設された。「保存が最も完璧な四大古城の一つ」と呼ばれ、古城のある古代都市として世界文化遺産に登録されている中国の二つのうちの一つでもある。2015年、平遥古城は国家5A級の観光スポットとなった。

（二）食文化

古くから山西人は麺料理が好きで、特にスープ麺を喜んで食べるという習慣がある。これは晋南地方の一部を除いて、山西省の人々の長年の習慣である。山西省の大部分の地域は長年干ばつと風が多く、人々は裸で、「日の出に働き、日没に休む」、「顔はいつも土に向かい、背中はいつも日に照らされている」、「玉のような汗は 8 枚の花びらようになって落ちる」といわれるような過酷な労働で、途中で水を飲んだり、お茶をすすったりすることも絶対になく、食事時の湯ですべての水分を補った。山西人は昔、野菜を食べることが少なく、塩と酢で味付けをしていたため、味が著しく重くなり、生理的に水分を多く必要とするようになったため、スープ麺を好む習慣ができた。山西の民間にはこのような言い方がある。「食事時にまずスープを飲めば、一生怪我をしない。」乾麺《かんめん》を食べた後、麺つゆを飲むことは山西人の最も顕著な食習慣である。「原湯化原食（ゆで汁は消化にいい）」は、伝統的な食事の古訓《こくん》だと言われている。

1. 刀削麺

山西の最も代表的な麺で、天下一絶と呼ばれ、すでに数百年の歴史がある。刀削麺は元代から始まり、山西一帯で最も評判が高く、最も影響力のある麺料理の軽食である。刀削麺は刀削《とうさく》で名付けられ、刀功《とうこう》と削技《さくぎ》の絶妙さで「飛刀削麺」と呼ばれている。刀削麺の太さは均一で、柳葉《やなぎば》形で、筋が柔らかくてさっぱりしていて、風味が独特である。

2. 莜麺栲栳栳《ヨウミェンカオラオラオ》

忻州地区の麺料理で、「莜麦」という燕麦《えんばく》の粉を練って筒状《つつじょう》に成形し、蒸籠で蒸したものである。その形は「栳斗《ろうと》」に似ているので、一般的には「栳栳」と呼ばれている。莜麺栳栳は雑穀の軽食として多くの場所で愛されている。

第十章　秦　商

一、地域の概要

陝西《せんせい》は「陝」または「秦《しん》」と略称し、中国の中部、黄河《こうが》中流に位置し、北部は黄土高原《こうどこうげん》にまたがっている。高原、山地、平原と盆地《ぼんち》など様々な地形から構成されている。その中で黄土高原は全省の土地面積の40%を占めて、黄河、揚子江《ようすこう》の2大水系と3つの気候帯にまたがっている。年間を通して降水量《こうすいりょう》は少なく、昼夜の温度差が大きい。陝西は中華民族と中国文化の重要な発祥地《はっしょうち》の一つで、西周《せいしゅう》、秦、漢、唐など14の政権は陝西省で都《みやこ》を建てた。陝西省の西安（旧称長安《ちょうあん》）は古代陸上《りくじょう》のシルクロードの起点《きてん》であり、漢武帝《かんぶてい》が張騫《ちょうけん》を長安から西域《さいいき》へ派遣して、中国産の絹織物《おりもの》を中央アジア、西アジア、地《ち》中海《ちゅうかい》諸国に運送した所である。シルクロードは古代の中国と西洋を結ぶ道となり、古代中国と西洋の経済、文化の往来《おうらい》を拡大した。

陝西は仏教が中国に伝播《でんぱ》した最初の地であった。漢哀帝元寿《かんあいていげんじゅ》元年《がんねん》（紀元前《きげんぜん》2年）、中央アジアの大月氏国《だいげっしこく》の使者伊存《ししゃいそん》は、長安で弟子《でし》の景盧《けいろ》に「浮屠経《ふとうきょう》」を口授《くじゅ》した。このことは中国に仏教が正式に伝わったことを示し、陝西が世界仏教の第二の聖地となり、長安が千年に渡る仏教の都となったきっかけでもある。陝西は仏教の発展に地理、歴史、政治、経済、文化などの面で最も有利な条件を提供していた。陝西の仏教の本山《ほんざん》はインド、日本、韓国などとの国を結ぶ架け橋の働きを果し、古代の隣邦《りんぽう》との付き合いを増進《ぞうしん》した。

陝西省は中国の現代史においても重要な役割を果たした。1935年10月19日、長征《ちょうせい》の紅軍《こうぐん》は陝北延安呉起鎮《せんほくえんあんごきちん》に着き、延安は中国革命の聖地となり、中国共産党《きょうさんとう》はここで全国の抗日《こうにち》戦争と解放戦争を指導した。1936年12月12日、張学良《ちょうがくりょう》と楊虎城《ようこじょう》は陝西省西安《せいあん》で西安事件を起こし、国民党《こくみんとう》と共産党の二回目の国共合作を促《うなが》し、抗日民族統一戦線《とういつせんせん》は陝西で形成された。

二、秦商文化と代表的な人物

陝西商帮《しょうほう》（商人集団）は秦商《しんしょう》または陝商《せんしょう》と言われており、中国で最初に現れた地縁による商帮である。秦商は中国の歴史においてかつて輝《かがや》かしい地位を持っており、秦漢時代には独立した自由商人として経済の舞台に登った。秦商は唐代には「帝国商人」として天下を誇《ほこ》り、明清《みんしん》時代には全国に名をとどろかす商業資本集団を形成し、「西秦大《せいしんたい》賈《こ》」と尊《とうと》ばれるようになり、中国明清時代の商業史において五百年近く活躍し、中国西部《せいぶ》の初期開発と明清時代以降の陝西経済の発展に多大《ただい》な貢献《こうけん》を果たした。秦商《しんしょう》は主に三つの歴史的な貢献があった。一つ目はシルクロードで、国内外の商人と一緒に世界に通《つう》じる東西交易路を開拓《かいたく》した。二つ目は陝康《せんこう》チベット茶馬古道《ちゃばこどう》の茶馬取引《とりひき》で、漢とチベット民族の間の交流を深めた。三つ目は「西口を歩く」と言われていることで、秦商と外蒙《がいもう》との間の貿易を開拓した。秦商は民族間の経済・文化の融合と交流を促進し、辺境《へんきょう》の安定と開発において重要な意義を持っていた。秦商の労《ろう》をいとわず、経営を志《こころざ》す創業精神と本職を守り、頑張り抜く職業精神が秦商が成功を収《おさ》めた根本的な理由であったのではないだろうか。

陝西省の都である西安はかつて長安と呼ばれ、古代シルクロードの起点であった。歴史文化の蓄積《ちくせき》が厚く、かつて 13 の王朝《おうちょう》がここに都を置き、都城《とじょう》としての歴史は通算《つうさん》すると1100年以上に及《およ》び「天然《てんねん》歴史博物館」と称されている。古代の長安は日本の遣隋使《けんずいし》・遣唐使《けんとうし》が目指《めざ》した都で、その後、日本の平城京《へいじょうきょう》（奈良）や平安京《へいあんきょう》（京都）のモデルとなった。

三、伝統産業

（一）農産品

陝西省はわが国の伝統農業の発祥地であり、現代農業の特色を持つ重要なところでもある。陝西省の特色農業品はリンゴ、キウイ、羊の畜産など。その中で、黄土高原《こうどこうげん》の千万ムーのリンゴ畑は、その生産量が千万トンを超えている。世界最大の生産量を誇る秦嶺《しんれい》のキウイは、栽培《さいばい》面積が百万ムーを超えている。2021 年の総生産量は 129.4 万トンで、世界の 1/3 を占めている。また、陝西省は全国最大の乳ヤギの養殖《ようしょく》拠点であり、乳加工《にゅうかこう》の拠点でもある。それ以外にも、陝西の茶業は発展しており、2021 年における陝西省の茶葉の栽培面積と生産量は全国 8 位と 10 位、生産高は全国 7 位で、陝南農民の増収の柱産業となっている。

（二）漢方薬

陝西省漢中市《かんちゅうし》は両漢三国《りょうかんさんごく》時代の文化の主な発祥地であった。漢中王劉邦《りゅうほう》はこの地から兵を挙げ、漢王朝を築《きず》き上げた。「漢」という国名は漢中に由来した。漢中は三国時代の諸葛孔明《しょかつこうめい》などの歴史上の有名な人物が活躍した舞台でもあった。漢中は古くから「天然薬品庫《やくひんこ》」と称され、全国の漢方薬の主産地の一つで、漢江《かんこう》流域の歴史上の漢方薬の重要な集散地《しゅうさんち》である。漢中には薬用植物資源は 1600 種以上、薬用動物資源は 250 種あり、陝西省の第一位、全国の第二位に位置している。主に天麻《てんま》、西洋人参《にんじん》、サンシュユ、杜仲《とちゅう》、イチョウなどがあげられる。漢中は天麻の原産地で、年間生産量は 20 万キロで、全国の 46%以上を占めている。漢中の杜仲はその優良な質と産出量で、従来漢方薬の業界に称賛され、「杜仲のふるさと」と呼ばれている。漢中のサンシュユは 2015 年に約 1000 万株で、生産量は全国の約 30%を占め、品質は非常に優れている。また、漢中の仏坪県は全国のサンシュユの三大産地の一つである。漢中は中国の西洋人参の三大生産地の一つでもある。漢中は豊富な漢方薬の資源を背景に、製薬産業を大いに発展させており、漢江薬業などの大手《おおて》企業も誕生している。漢中は日本の出雲市《いずもし》と友好都市を結んでおり、漢中の漢方薬は日本にも大量に輸出されている。

（三）文化産業

秦腔《しんこう》は陝西の文化産業の代表であり、陝西に起源した地方伝統劇で、秦代に形成され、清代に繁盛《はんじょう》し、幾《いく》たびもの進展変化を経て、盛観《せいかん》を呈している。2006 年に国家無形文化遺産に登録された。秦腔は中国の劇曲《げききょく》の祖で、各地の劇曲に何らかの影響をもたらしている。秦腔の演目《えんもく》は神話《しんわ》、民話などである。伝統的な古典演目は主に「和氏《かし》の璧《へき》」、「白蛇伝《はくじゃでん》」、「法門寺《ほうもんじ》」、「三娘教子《さんじょうきょうし》」などがあげられる。秦腔はシンプルで大胆、誇張性《こちょうせい》に富んでおり、生命の息吹を感じさせ、技巧《ぎこう》も豊富である。秦腔は陝西省関中方言をベースに漢唐時代の詩、詞、曲を取り入れて、秦腔の独特の甲高い語調《ごちょう》、堅い声、しっかりした語気で芸術風格を形成した。秦腔の独特で古典的なくまどりの体系は完備されており、京劇《きょうげき》と川劇《せんげき》の隈取《くまど》りとともに中国三大隈取りシステムと呼ばれている。秦腔は国粋《こくすい》の京劇の隈取りの形成と発展に深い影響を与えている。秦腔の最も主な楽器《がっき》は胡弓《こきゅう》で、その細くて歯切《はぎ》れがよい音は、秦腔の特色を体現している。現代中国の有名な小説家賈平凹《かへいおう》は『秦腔』を題とした長編小説を執筆《しっぴつ》し、第7回茅盾《ぼうじゅん》文学賞を受賞した。秦腔は漢族文化と他民族文化とが融合《ゆうごう》したもので、古代シルクロードの諸民族音楽と文化の交流の結晶《けっしょう》であり、中華民族文化の宝庫《ほうこ》である。

四、観光産業

（一）自然人文景観

1. 華山《かざん》

陝西省華陰市《かいんし》に位置し、古くは「西岳《せいがく》」と呼ばれ、東岳《とうがく》の泰山《たいざん》と並び、中国の有名な「五岳《ごがく》」の一つである。華山は黄河中流にあり、中華文明の発祥地である。歴代の学者の研究によると、古代中国文明は主に華山を中心とする周囲500キロの範囲に集中していたという。「中華」と「華夏《かか》」の「華」は華山に由来するため、華山は「華夏の根」と称されている。孫文《そんぶん》はこの「華夏の根」を引用して、「中華民国」を建国した。華山は道教の主流である全真派《ぜんしんは》の聖地で、道教の寺院道観《どうかん》は20

余りある。華山は険《けわ》しい山で、古くから「奇険《きけん》天下第一山」と言われてきた。

2. 太白山《たいはくさん》

秦嶺山脈《しんれいさんみゃく》の最高の峰《みね》であり、第四紀氷河期《ひょうがき》の各種地形の形態が完全に残っている。地形の形態は低山地、中山区、高山地の 3 種類の地形タイプに分けられ、それぞれ特徴を持つ。低山地は黄土に覆われ、中山区は石峰《いしみね》が発達し、高山地帯には氷河《ひょうが》遺跡が残されている。太白山は植物資源が豊富で、珍しい野生動物が繁殖している。太白山は景色が美しく、観光名所であり、道教の活動場所でもある。唐《とう》・宋《そう》時代以来、多くの文人《ぶんじん》が訪れ、よく知られている詩句《しく》を揮毫《きごう》している。

3. 秦の始皇帝《しこうてい》の兵馬俑《へいばよう》

1974 年に当地の農民が井戸堀りの際に偶然発見したもので、秦の始皇帝陵の副葬場《そうば》であった。1974–1977 年の間に、発掘《はっくつ》された兵馬俑坑《ようこう》は 3 つあり、坑の中には陶俑《とうよう》と陶馬《とうば》8000 点、青銅器《せいどうき》が 4 万余点見つかった。3 つの兵馬俑坑は東に向かって「品」の形で並んでいる。戦馬、戦車、武器もすべて写実性《しゃじつせい》にすぐれた傑作《けっさく》であり、極めて高い歴史価値がある。1 号坑の 6000 余りの武士俑、戦車を引く陶馬は等身大《とうしんだい》につくられており、その表情は生き生きしている。秦の始皇帝の兵馬俑坑は巨大な地下彫刻《ちょうこく》芸術の宝庫であり、当時の優れた芸術水準を反映している。1987 年に秦の始皇帝陵及び兵馬俑坑はユネスコの世界遺産リストに登録された。秦の始皇帝の兵馬俑坑は中国文化史上の輝かしい一章で、世界第八の奇跡と呼ばれている。中国古代の光り輝く文明の名刺になった。

4. 大雁塔

慈恩寺《じおんじ》の大雁塔《だいがんとう》は唐の高宗の時代に建てられ、玄奘三蔵《げんじょうさんぞう》が天竺《てんじく》から持ち帰った経典《きょうてん》が保管されている。大雁塔は現存《げんそん》する唐代最古で、最大規模の唐代の四角い楼閣式《ろうかくしき》のレンガ塔である。これは、仏塔《ぶっとう》という古いインドの仏寺《ぶつじ》の建築形式が、仏教とともに中原に伝えられ、中国文化に溶け込んだ典型的な物証《ぶっしょう》になったということである。大雁塔に保存されている石碑《せきひ》「大唐三蔵聖教序《だいとうさんぞうしょうぎょうのじょ》」と「大唐三蔵聖教序記」は大雁塔とシルクロード仏教の伝播《でんぱ》の歴史をさらに証明している。2014 年に大雁塔は中国、カザフスタン、キルギスの三国が共同で申請した「シルクロード:長安-天山回廊《てんざんかいろう》の路網《ろもう》」の遺跡地の一つとして世界遺産に登録された。

5. 華清宮《かせいきゅう》

驪山《りざん》は美しい景色で知られており、周、秦、漢、隋、唐などの歴代の皇帝はここに行在所を建て、遊覧を楽しんだ。華清池は唐玄宗の時代に、大規模な改造工事が行われ、現在の規模になった。唐玄宗《とうげんそう》は毎年 10 月から翌年の春先までこの地に滞在したという。白居易《はくきょい》の『長恨歌《ちょうごんか》』には、「春まだ寒く、華清池の温泉を賜《たまわ》った。温泉の水は滑《なめ》らかに白い肌を洗う」とある。華清宮の中の「海棠《かいどう》湯」は通称「貴妃池」と呼ばれ、楊貴妃《ようきひ》の専用浴槽《よくそう》であった。唐の玄宗と楊貴妃のラブストーリー以外にも、華清宮は昔から変わらない温泉資源、西安事変の発生地としても国内外で有名である。華清宮は頤和園《いわえん》、円明園《えんめいえん》、承徳避暑《しょうとくひしょ》山荘《さんそう》とともに中国四大皇室庭園と呼ばれている。

6. 寺廟

西安の青龍寺《せいりゅうじ》と大興善寺《だいこうぜんじ》は仏教の八大宗派《しゅうは》の一つである密宗《みっしゅう》の本山《ほんざん》である。大興善寺は晋武帝泰始《しんぶていたいし》二年（226 年）に建立された。隋文帝楊堅《ずいぶんていようけん》は大興善寺を国寺《こくじ》としていた。大興善寺は当時の長安の三大仏経《ぶっきょう》翻訳地の一つであった。青龍寺は唐の中期に栄えた寺院で、唐の皇室護国寺《ごこくじ》であった。日本の有名な「入唐八家《にゅうとうはっけ》」の中の六人（空海《くうかい》、円行《えんぎょう》、円仁《えんにん》、慧運《えうん》、円珍《えんちん》、宗叡《しゅうえい》）すべてが青龍寺で仏法《ぶっぽう》を学んだ。このうち、空海（弘法大師《こうぼうだいし》）は青龍寺で密宗師匠《ししょう》の恵果《けいか》に師事《しじ》し、密宗の真諦《しんてい》を学び、日本に帰国後真言宗《しんごんしゅう》を開いた。西安青龍寺と大興善寺は日本仏教真言宗の本山として日本人にとって神聖な寺である。そのため、多くの日本人観光客を魅了する観光スポットとなっている。

律宗《りっしゅう》の祖庭《そてい》である西安の浄業寺《じょうごうじ》は、終南山《しゅうなんざん》の北麓《ほくろく》の鳳凰山《ほうおうざん》に位置し、隋文帝開皇元年《ずいぶんていかいこうがんねん》（581 年）に建立された。律宗の名僧の一人に、唐の鑑真《がんじん》が挙げられる。鑑真は日本に渡航《とこう》し、初めて日本で戒律《かいりつ》を授《さず》けた大師であり、日本における律宗の開祖《かいそ》である。

唐太宗貞観《とうたいそうじょうがん》時代に創建《そうけん》された華厳寺《けごんじ》は、当時長安城の観光地として有名で文人や詩人がよく訪れ、大量の詩や文章を残した。杜順《とじゅん》法師は『華厳経《けごんきょう》』によりここで華厳宗《けごんしゅう》を開いた。華厳寺は壮大《そうだい》な道場《どうじょう》、多数の名僧と美しい環境で一時世界仏教の中心となっていた。

東晋《とうしん》十六国時代、後秦《こうしん》の皇帝姚興《ようこう》が弘始《こうし》三年（401 年）に亀茲《きじ》の名僧鳩摩羅什《くまらじゅう》を長安に迎え、逍遥園西明閣《しょうようえんさいめいかく》で経典の漢訳を依頼した。草堂寺で三論宗《さんろんしゅう》の経典『中論《ちゅうろん》』、『十二門論《じゅうにもんろん》』、『百論《ひゃくろん》』

を訳したため、鳩摩羅什は三論宗の開祖として、草堂寺は三論宗の祖庭として奉《たてまつ》られた。

大慈恩寺《だいじおんじ》は唐太宗貞観《とうたいそうじょうがん》22年 (648年)、皇太子《こうたいし》の李治が亡母《ぼうぼ》文徳皇后追善《ぶんとくこうごうついぜん》のために建立した寺である。当時の唐の長安では、大慈恩寺が一番有名で壮麗な寺であった。三蔵法師として有名な名僧玄《げん》奘《じょう》が仏典の漢訳事業に携わり、漢伝仏教八大宗派の一つである法相宗《ほっそうしゅう》を開いたため、大慈恩寺は法相宗の祖庭とされている。

香積寺《こうじゃくじ》は浄土宗《じょうどしゅう》の祖庭である。唐高宗永隆《とうこうそうえいりゅう》2年 (681年) に浄土宗の開祖の1人である善導《ぜんどう》法師を供養《くよう》するために、弟子の懐惲《えうん》が香積寺と善導塔を建立した。香積寺は中国仏教の浄土宗の初の活動地でもある。

7. 大仏寺石窟《だいぶつじせっくつ》

大仏寺《だいぶつじ》は咸陽彬州市《かんようひんしゅうし》に位置し、咸陽《かんよう》は中国最初の封建王朝秦帝国の都《みやこ》で、秦の始皇帝は咸陽で中国を統一した。咸陽は秦漢《しんかん》文化の発祥地で、文化財及び観光スポットは4951箇所に上り、市内には多くの古跡が残っている。その中でも、彬県大仏寺石窟《ひんけんだいぶつじせっくつ》は陝西の最大の石窟群であり、シルクロードの重要な地理的シンボルでもある。大仏寺の石窟は北朝時代から開削されはじめ、境内《けいだい》には446の仏壇《ぶつだん》と1980以上の仏像を持つ、唐代の長安に近い重要な仏教石窟の寺である。この寺は仏教文化がシルクロードを通じて中原に伝えられたという事実を如実《にょじつ》に反映しており、中国仏教の発展史、彫刻史、建築芸術史の研究、及び陝西省のシルクロードによる仏教伝播の研究に重要な価値を持っている。

（二）食文化

陝西省は小麦《こむぎ》を豊富に産出しているので、陝西人の食事は小麦粉《こむぎこ》で作った食品を主食としている。陝西の飲食歴史は悠久《ゆうきゅう》で、涼皮《リャンピー》は早くも秦の時代に存在し、鍋盔《グオクイ》は周の時代にさかのぼることができ、「文王《ぶんおう》の鍋盔」と称される。陝西省の軽食《けいしょく》の種類と品種は多く、千種類に達し、肉夾《ロージャー》モー、羊肉泡《ヤンロウパオ》モー、涼皮、鍋盔、岐山臊子麺《チーシャンサオズメン》などは、すべて多くの人が聞きなじんでいる陝西の有名な食べ物である。その中でも、羊肉泡モーは胃を温めて飢えに耐えられるため、ずっと陝西の人々に愛され、すでに陝西の代表的な食品になっている。肉夾モーは陝西の伝統的な特色のある食べ物の一つで、2016年1月に陝西省の無形文化遺産リストに登録された。陝西の飲食は品種が多いだけではなく、繊細《せんさい》な作りで、独特な風味であるため、中国の民族料理、清真《せいしん》料理においてとても重要な部分を占めている。西安の有名な美食《びしょく》文化街である回民街《かいみんがい》は濃厚なハラールの特色が強く、陝西省の様々な種類の美味しい軽食を味わうことができ、口腹《こうふく》の欲を満喫《まんきつ》させてくれる。

第十一章　楚　商

一、地域の概要

湖北省は「顎《がく》」と略称され、長江中流、洞庭湖《どうていこ》の以北に位置し、2022年末現在、湖北省の総面積は18.59万平方キロ、常住人口は5844万人余りで、55の少数民族が生活する。

天然資源が豊富な湖北省は総面積のうち、山地56%、丘陵《きゅうりょう》地帯24%、平野と湖で20%を占め、そのほとんどが湿度の高い亜熱帯モンスーン気候で、日照時間と水資源に恵まれている。省内には5千メートル以上の河川が4229本あり、省レベル湖保護リストに登録された天然湖が755あることから湖北省は「千湖の省」と呼ばれている。この湖北省の風光明媚な山水、武当山《ぶとうさん》、神農架、長江三峡は多くの観光客を惹きつけている。また、湖北省の農業も盛んで、全国の重要な食糧、綿、食用油の生産拠点であり、菜種《なたね》、淡水食材の生産量は長期にわたり全国一位になっている。

明清時代から漢口《かんこう》は、次第に大きな商業圏に発展し、湖北商人をはじめ、全国の商人が活発する大きな舞台となった。明清《みんしん》時代、漢江水上運輸の恩恵と有利な立地条件に恵まれて、漢口は各地の商人が集まる中国の四大商都の一つになり、「九省通衢《きゅうしょうつうく》」と呼ばれ、中国の物資、物流センターとして栄えた。

二、楚商文化と代表的な人物

湖北の祖先は楚国からの人であったから、ここでいう楚商は湖北商人の略称である。楚商の歴史は、約 2000 年前の楚国に遡る。春秋国時代の楚国は、繁栄した都市で、様々な店舗が立ち並んでいた。楚国の豊かさや商業の発達は呉越《ごえつ》を上回り、商人は楚国で高い社会的地位を持っていた。歴史の記述では、一般的に「四民《しみん》」とは「士、農、工、商」であるが、楚国における「四民」とは「商、農、工、賈《こ》」である。楚人は商を「四民」のトップとすることから、楚国では商業が重視され、商人が特別な地位を持っていたことを反映している。「楚人重商《そじんじゅうしょう》」ということばからも楚商には長い歴史があることが分かる。

明朝時代の半ばから漢口の貿易は次第に活発化し、食糧・塩などは漢口から各地に輸送され、漢口は中継貿易型都市・伝統的商工業都市となっていった。1850 年に刊行された『漢口竹枝詞《ちくしし》』には、「ここには先住民がおらず、九割の商賈人《しょうこにん》に一割の庶民」と書かれている。1861 年に漢口が対外通商貿易港として開港し、多国の領事館が設立され、20 か国以上が交易する港として繁栄した。清末、湖広総督《そうとく》を務めていた張之洞《ちょうしどう》は、漢口で洋務運動の一環として、漢冶萍公司《かんやひょうこんす》、漢陽兵器工場、及び布《ぬの》、麻《あさ》、糸、紗《うすぎぬ》において四局（注：布、麻、糸、紗を管理する四つの機関）を創立し、武漢の現代重軽工業の基礎を築き、京漢鉄道を開通させた。漢口は「東方のシカゴ」と呼ばれ、上海、天津、広州と並んで近代中国の四大貿易港であった。明清時代から中華民国時代を通じて、漢口は世界の商人が活発する大きな舞台となった。

明清時代から近代にかけて、楚商集団の存在は間違いないが、「商帮」（商人集団）として、楚商の自己認識、集団意識、社会的イメージは晋商、徽商に比べて弱いと言われている。しかし、多くの文献資料などによると、楚国は商人を非常に重視しているという。次に代表的な人物を紹介する。

(1) 鄂君啓《がくくんけい》

戦国時代の楚国の大名で有名な豪商《ごうしょう》である。楚懐王《そかいおう》の時は鄂（現在の湖北鄂城）の大名に封じられている。1957 年安徽省寿県《じゅけん》で出土した青銅製鄂君啓節は、楚王が鄂君啓に与えた楚国内及び近隣諸国の水陸運輸免税許可証である。彼は多くの船を持ち、商人として長江中下流地区を往来していた。

(2) 徐栄廷《じょえいてい》（1857-1949 年）

湖北省江夏《こうか》（現在の武昌）出身で、「紡績王」と呼ばれる。1911 年、武昌商会会長に就任した。1921 年 8 月からは、武昌に大興紡績公司、漢口に利華炭鉱公司、石家荘に大興紗工場を次々と設立し、武昌では友人らと合弁で裕華紡績会社を創業した。1937 年、抗日戦争が全面的に勃発した後、会社と工場とともに重慶に移り、永利銀行、華年《かねん》実業公司を設立し、また川康毛織《せんこうもうしき》公司、慶華顔料《けいかがんりょう》公司に投資した。

三、伝統産業

（一）鋳造業《ちゅうぞうぎょう》

『楚国八百年』というドキュメンタリーでは、楚の兵器鋳造技術が非常に優れていることが指摘されている。古代の「呉鉤《ごこう》は月のように明るく、楚剣《そけん》は霜のように鋭い」という詩句《しく》がある。また、湖北省随州《ずいしゅう》から出土した編鐘《へんしょう》は、楚の傑出した音楽を証明しているだけでなく、古代の楚は精錬《せいれん》鋳造業が発達していたことを証明できるのである。

楚の優れた鋳造技術は楚人が備えていた「祖先の経験を吸収したうえで新しい知恵を絞る」と言われる革新、創造という精神によるもので、彼らは属国やその他の民族の長所を吸収し、絶えずそれを消化し、さらには革新したため、楚の鋳造技術はますます精巧なものとなり、中原を超えて独自のスタイルを形成した。

現在、湖北はすでに中国の重要な鋳造産業クラスターとなっている。十堰《じゅうえん》（自動車主要部品産業集積区）、沌口《とんこう》（自動車部品産業集積区）、襄陽《じょうよう》（自動車鋳物《いもの》産業集積区）、随州《ずいしゅう》（自動車鋳物産業集積区）、武漢（ダイカスト産業パーク）などが湖北の主要な集積区がとして挙げられる。その中でも、十堰は中国で集中化が最も進んだ自動車産業集積地域であり、自動車産業チェーン化が最も完備された都市の一つとなっている。

（二）房県《ぼうけん》黄酒《ホアンチュウ》

黄酒は世界三大古酒の一つで、その麹《こうじ》を発酵させて造られる醸造《じょうぞう》は、世界一だとされている。中でも湖北省の「房陵《ぼうりょう》黄酒」は、紹興《しょうこう》黄酒より400年も歴史が古く、今でもフル生産されている。周宣王《しゅうせんおう》の時代、房陵人の尹《いん》吉甫《きっぽ》が楚王に朝貢の使者として周に派遣されたとき、房陵特産の黄酒を周宣王に献上した。この「房陵黄酒」は蓋を開けた瞬間に宮殿の隅々まで香りが漂い、周宣王が一口含んだ瞬間に、その美しさを絶賛したことで、その後「封疆御酒《ほうきょうごしゅ》」と呼ばれるようになった。

「房陵御酒」は、唐の時代に大きな発展を遂げた。それは684年武則天《ぶそくてん》が唐中宗李顕を退位させ、廬陵王《ろうりょうおう》を封じたことによる。廬陵王は房州（今房県）に流された時、皇居御用《ごよう》職人720名を連れて行き、その職人たちを民間に散在させ、民間人に様々な技術を教えた。偶然にも地元の黄酒醸造法が改良されることになり、口当たりがよく、養生効果もある黄酒が造られるようになった。後に、それは武則天により「房陵御酒」と名付けられた。

（三）文化産業

1. 漢繍《かんしゅう》

漢繍の登場は早くも春秋戦国にさかのぼることができ、楚繍をもとに様々な刺繍方法が生まれ、改良され、独特な地域性を備えた新しい刺繍法が生み出された。1910 年及び 1915 年には、漢刺繍製品は南洋博覧会とパナマ国際博覧会で金賞を受賞した。2008 年国務院は第二回国家級無形文化遺産リストに漢繍を入れた。2013 年には、湖北省初の民間漢繍博物館である武漢漢繍博物館が漢陽江欣苑《きんえん》地区に設立された。

2. 楚劇

旧称は「黄孝花鼓《こうこうかこ》」である。それは約 100 年前に湖北東部の鄂東《がくとう》で流行った「哦呵腔《がかこう》」に基づき、黄陂《こうひ》、孝感地区の山歌、道情《どうじょう》、竹馬、高足踊りや民間ラップなどが融合したものである。その初期には、農村の元宵節《げんしょうせつ》に明りをつけて歌うだけのものだったので、俗に「灯戯《とうぎ》」とも呼ばれていたが、1900 年前後には、漢口近くの砂口鎮、水口鎮に入り、茶園で清唱されるようになった。楚劇が都市で公演を始める歴史を開いたのは、1902 年、漢口のドイツ租界の中にある清正《せいしょう》茶園であった。

1926 年には「黄孝花鼓《こうこうかこ》」から楚劇へと改称された。2006 年、楚劇は国務院の批准を得て第一回国家級無形文化遺産リストに登録された。

3. 漢劇

そのルーツは約四百六十年前に遡る湖北の地方戯曲漢劇は、徽劇・越劇《えつげき》・粤劇《えつげき》・川劇などと並ぶ中国の最も影響力のある地方劇の一つである。18 世紀の乾隆《けんりゅう》帝の時代に北京で初めて披露され、「皮黄合奏《ひこうがっそう》」の伴奏や独特な舞台演出によって北京の観客を魅了し、徽劇などと共に京劇の誕生に大いに寄与した。

漢劇は、楚調、漢調などとも呼ばれる。中華民国時代に「漢劇」の呼称が定まり、2006 年に中華人民共和国文化部により第一回国家無形文化遺産に登録された。代表的な演目は「双尽忠《そうじんちゅう》」、「両狼山《りょうおおかみやま》」、「生死板《せいしいた》」、「花鼓打ち」、「審陶大《しんとうだい》」、「合銀《ごうぎん》メダル」、「李虎《りこ》斬り」、「宇宙前線」、「金階段騒ぎ」、「泣き祖廟《そびょう》」などである。

4. 荊州《けいしゅう》花鼓戯

かつては地花鼓または沿門花鼓と呼ばれていたが、1954 年に天沔《てんべん》花鼓、1981 年に荊州花鼓と改名された。現在は湖北花鼓とも呼ばれ、湖北省江漢平原一帯で人気の地方戯曲劇種である。18 世紀頃に形成された荊州花鼓劇は清代の沔陽州から始まり、200 年余りの歴史を持ち、湖北省の主要な地方劇種の一つとなっている。荊州花鼓戯は「病気の時も花鼓を聞けば薬を飲まなくてもいい」という賛美の言葉から分かるように、民衆に深く根付き、人々に愛されていることがわかる。2006 年、荊州花鼓戯は最初の国家級無形文化遺産保護リストに登録された。

5. 黄梅戯《こうばいぎ》

黄梅戯は湖北省の黄梅県で生まれ、かつては「黄梅調」、「茶摘み戯」などと呼ばれ、現在は安徽省安慶市、湖北省黄梅県などで上演されている。黄梅戯はシンプルで緻密《ちみつ》さがあり、現実的で生き生きとした、感情体験を大事にすることで知られており、新鮮で自然かつ優美で柔らかな芸術スタイルを持つことが知られている。黄梅戯にはよく知られている優れた演目がたくさんあるが、中でも「天仙配《てんせんはい》」、「女駙馬《にょふば》」などが最も代表的なものである。黄梅戯は中国の五つの戯曲劇種の一つで、その影響は広範囲に渡る。

四、観光産業

（一）自然人文景観

1. 神農架《しんのうか》

湖北省の西北部に高くそびえ立っている山脈の中に位置し、長江と漢江にまたがる、面積が 3000 平方キロメートル以上の省直轄林区である。上古《じょうこ》時代、神農《しんのう》様がここで薬草を集めたことにちなんで「神農架」と名付けられたといわれる。神農架最高の峰である神農頂は海抜 3000 メートル以上で、「華中の屋根」と称えられており、豊かで独特な自然環境と長い人文的な歴史を持ち、「神農天園」と呼ばれている。2016 年、中国湖北神農架は世界自然遺産リストに登録された。

2. 武当山《ぶとうさん》

武当山は道教の聖地であり、武当術の発祥地でもある。湖北省北西部の十堰市《じゅうえんし》に位置し、総面積 312 平方キロメートルを占める。武当山には 72 峰、36 岩、24 澗、11 洞、3 潭、9 泉などがある。山頂までの 70 キロメートルの間に 9 宮、9 観、72 岩廟、36 庵堂を持つ巨大な元明時代の道教建築群があり、絶妙なバランスで配置されている。1994 年、武当山古建築群が世界遺産リストに登録された。その中でとりわけ見応えのあるものが「紫霄殿《ししょうでん》」と「金殿」である。

「紫霄殿」は 1413 年に建造され、当時に近い状態で残っている建物である。紫霄殿は五間間口《ごけんまぐち》で緑の瓦《かわら》、赤く塗られた壁、二重のひさしと、華麗で荘厳な雰囲気を持つ。「金殿」は、海抜 1621m の「天柱峰《てんちゅうほう》」の頂上《ちょうじょう》にあって一見すると木造建築のような構造だが、瓦、垂木《たるき》から梁《うつばり》、門にいたるまで、すべて銅を鋳造し、組み立てたものである。重さは 80 トンを超えるという。明時代の職人技が光る武当山を代表する道教建築である。またここからの日の出、日の入りはまさしく絶景である。古建築のほかにも、武当山には 7400 点以上の貴重な文物が残されており、「道教の文物倉庫」と呼ばれている。

3.恩施大峡谷《だいきょうこく》

湖北省恩施土家族《トゥチャぞく》ミャオ族自治州恩施市《おんしし》に位置し、恩施を代表する観光地である。恩施市は全州の政治、経済、文化の中心であり、交通の要所となっており、中国の名高い観光都市で、国家園林都市の称号を持つ、湖北省の九大歴史文化名城の一つである。境内のセレン埋蔵量は世界一位で、「世界セレン都」と呼ばれている。

恩施大峡谷《だいきょうこく》は、国家5A級観光景勝地に指定されており、峡谷の全長は108キロメートル、面積は300平方キロメートルに達し、米コロラド・グランドキャニオンと賛美される。「地縫《ちほう》—天坑《てんこう》—岩柱群《がんちゅうぐん》」(地質の割れ目-陥没穴-岩柱群）がそろっている世界で唯一の複合型カルスト地形を備えた「天然博物館」である。

4.恩施土司城《どしじょう》

恩施土司城は恩施市の北西に位置し、全国で唯一の土家族地域の土司文化シンボルプロジェクトであり、全国の土家族吊脚楼《ちょうきゃくろう》の中で最も規模が大きく、スタイルが最も典型的な古風の建築群でもある。

（二）食文化

楚菜は主に水産物を利用して、魚のしゃぶしゃぶを主とし、とろみ汁が濃く、香りがよくて辛く、食材の色を重視している。楚菜には武漢料理、荊宜菜などが含まれる。

1. 武漢料理

武漢料理は漢陽、武昌、黄陂などの地方的な風味をベースにして、省内外の各種の風味流派の長所を吸収し、次第に地方の独特な風格を形成した。山や海の幸《さち》を使った料理で、新鮮な淡水魚と煮込みスープの作り方に独特のノウハウがある。主な名物料理は武昌魚の蒸し物、豆絲《トウス》、黄陂三合《さんごう》、黄陂糖蒸し肉などが挙げられる。

2. 荊宜菜

荊州、江漢、宜昌《ぎしょう》などの地域の料理を指す。荊宜菜は湖北料理の原点で、淡水魚の調理において独特なノウハウを持っている。荊宜菜として、蟠龍菜《はんりゅうさい》、荊沙かまぼこ、二回頭《にかいとう》、鶏茸筆架魚肚《けいじゅうひつかぎょと》、散燴八宝《さんひはっぽう》あんかけなど独特な料理が挙げられる。

第十二章　新　商

一、地域の概要

かつては「西域《せいいき》」と呼ばれており、今は「新」と呼ばれる新疆《しんきょう》ウイグル自治区は、中国の西北の辺境に位置し、中国の 5 つの少数民族自治区の一つである。新疆の面積は中国の総面積の 1/6 を占める 166. 49 万平方キロメートルで、中国で最大の面積を持つ省区である。

新疆は広い土地と豊かな資源に恵まれた、多民族の地域である。アルタイ山脈、天山《てんざん》山脈、崑崙《こんろん》山脈の 3 つの山脈の積雪氷河は 500 以上の河川を育んでいる。新疆には中国最大の内陸河川—タリム川や、世界第二規模面積を誇る砂漠—タクラマカン砂漠がある。また、新疆は中国西部干ばつ地域の主な自然林区で、その森林面積は西北地区の森林総面積の 1/3 近くを占めている。

新疆は高い山に囲まれた海から一番遠い内陸部に位置するため、大陸性の温帯気候で、日照時間が長く、降水量が少ない。このような乾燥した気候は新疆の甘くて大きい果物の生育に繋がっている。ほかにも、新疆には多種多様な野生動物が生息している。

新疆は石炭、石油、天然ガス及び鉄銅亜鉛などの鉱物資源が豊富で、中国の「西電東送、西気東輸、西煤東運」の重要な基地となっている。シルクロード経済ベルトにより、周辺の国とのエネルギー鉱物、農業観光などにおける近隣諸国との協力も強化され、新疆のエネルギー輸入資源の加工基地も重要視されている。同時に農産物加工、観光などの分野も大きな発展を遂げている。

二、新商文化と代表的な人物

シルクロードの要衝に位置する新疆は、古代中国と西洋とのシルクロード交易路として大きな役割を果たした。その貿易の繁栄とともに、沿線のオアシス町が次々と出現した。その一つとするカシュガルでは最初に市場貿易が始まり、カシュガルの「市列」は、漢の時から中国の対外貿易の主な出入口となっていた。新疆のオアシス町は中原の封建的な都市とは違い、自然経済の範疇に属する商品調達の地方市場であるとともに、長距離のシルクロード貿易の中継地でもあった。東西の経済・文化が交わり、先進的な技術の伝播により、新疆の絹織物、毛織物、冶金、製紙、ペンキなどの生産水準は大きく向上した。

人とものが絶えず行きかう交易路では、商人は大きな役割を果たし、その社会的地位も相応して高まっていった。遊牧民族では、商人はしばしば政務に携わり、使者として外交活動を行うこともあった。また、商人の文化、宗教の普及における貢献も無視できない。例えば、インドや西域の諸地方では、商人が仏教の伝播に大きな力を発揮していた。西域の経済、政治、文化などの発展はシルクロードの商業活動とかかわっており、商人は社会の進歩を推進する重要な力となっていた。それは「抑商（注：商業を徹底的に抑制すること）」という封建主義を持つ中原とはかなり異なることであった。シルクロードの誕生には、以下の二人の著名な外交家の貢献が欠かせない。

(1)　張騫《ちょうけん》

前漢建元二年（紀元前 139 年）、漢武帝の命を受け、首都の長安から出発し、百人余りを率いて西域に出て、西域に通じる南北の道、すなわち「シルクロード」を切り開いた。その大功で、漢の武帝《ぶてい》より博望侯を封ぜられた。司馬遷が「張騫鑿空《ちょうけんさつくう》（張騫は、初めて中国から西方世界への穴を通した、という意味）」と称賛した張騫は二回にわたって西域に出、中国と中央アジア、西アジア、ひいてはヨーロッパとの間の陸上交通を開通した。この通路を通じて中国からは西域や中央アジアなどにシルク、茶葉、漆器などが輸出された。同時に、ヨーロッパ、西アジア、中央アジアからは宝石、ガラスなどが輸入された。

(2)　班超《はんちょう》

西漢末年、匈奴《きょうど》が西域を再び支配したため、漢と西域の往来が途絶えた。後漢明帝は北匈奴征伐に乗り出し、班超を西域に派遣した。班超は多くの困難を克服し、漢の西域諸国への支配を復活させた。班超は西域諸国から信頼を得、西域に長期間滞在し、その 30 年間で、諸国を服属させ、多民族国家への発展に大いに貢献した。同時に、後漢は西域に対する支配を回復し、「シルクロード」の役割は保たれ、中国と中西アジア諸国との経済、文化交流はますます盛んになった。

三、特色産業

（一）伝統産業：「黒と白」

黒：油田、白：長絨棉

新疆油田は新中国成立後に最初に開発建設された油田で、2021 年 2 月現在、その原油生産量は中国の陸上油田の 4 位で、25 年間安定した成長を遂げ、累計で 2 億トン以上の石油を産出している。主力のクラマイ油田は新中国成立後に最初に発見されたもので、新疆のジュンガル盆地の西北に位置している。「クラマイ」はウイグル語で「黒油山」という意味である。中国の詩人艾青《がいせい》は『クラマイ』という詩で「最も荒涼たる地には最も高いエネルギーが潜み、最も深い地層から最も貴重な溶液が噴き出され、沈黙の戦士には強靭な精神が宿り、クラメイは砂漠の女神である」と、この熱い血と汗で作られた石油都市を称えている。

新疆の長絨棉（ロングステープルコットン）は使われている繊維が長いことから名前がついたのである。その品質は優れており、国家の規定基準を超えている。特にトルファンで栽培された長絨棉は質がよく、繊維が長くて柔らかく、色が白く光沢があり、弾力性もよい。長絨棉は普通の棉よりも優れた「極上品」とされており、国内最高の綿織物、輸出向けの高級綿織物、ファッション業界における欠かせない素材となっている。それを使って作られた服も織物もかなり貴重なものである。

（二）新興産業:「赤、緑、青」

長年の蓄積と発展で、中国西部の真珠、新疆はもはや「黒」と「白」の伝統産業だけで経済を支えているのではなく、「赤」、「緑」、「青」の新しい産業も成長しつつあり、時代とともに変化する力を十分に発揮している。

「赤」の産業は新疆の赤い農産物とその加工産業の総称である。ベニバナ、トマト、クコがその 3 つの柱で、中でもトマトペーストは重要な輸出商品である。新疆は 1984 年から加工用トマトを大規模栽培している。それを原料とするトマトペーストは赤い色素が多く含まれ、高粘度で、固形分が高く、カビが少ない。さらに、日本の早稲田大学および石河子《せきかし》農耕科学院との協力による非遺伝子組換トマトの育成研究、米国の食品メーカーハインツとの協力による新品種の実験と普及への取り組みなどにより、新疆ではオーガニック食品の加工と生産を実現し、いまはアジア最大のトマト生産加工・輸出の基地となっている。

「緑」の産業は主に砂漠を緑にする「砂産業」であり、荒漠を肥沃な耕地にし、その特性を利用して経済的開発を行うことである。新疆の砂産業はすでに産業チェーンを形成し、草飼料、漢方薬、経済林、砂漠旅行などが主な特色ある産業である。飼料、薬品、保健品、化粧品、食品、飲料、果物など多くの砂産業の商品を開発し、栽培、加工、貯蔵、輸送、販売など関連産業の発展を促している。また、砂産業チェーンは砂物質建材などの新興産業までも広がっている。

「青」の産業は新疆の光資源と風資源の活用である。博楽《はくらく》市には、全国で一番大きな光伏発電所が建設されている。ウルムチ市の達坂城《たつばんじょう》区はアジア初の風力発電場として知られ、その設備総容量は 170 万キロワットで、承認されている設備容量が 405 万キロワットに達している。さらに、シルクロード経済ベルトの建設に伴い、臨空経済、内陸港経済、クラウド計算、装備製造、新エネルギー・新材料などの新産業形態が、新疆の「青産業」を進めていくであろう。

四、観光産業

（一）自然人文景観

新疆は独特の自然景観を持ち、標高 8611 メートルの世界で二番目高い山—カラコルム山脈、中国で一番長い氷河—音蘇蓋提氷河、中国最大の砂漠—タクラマカン砂漠、中国最大の内陸川—タリム川、中国最大の内陸淡水湖—ポスタム湖、中国最大のヤダン地形群—荒原に広がった神秘的な「竜城」、「風城」、「鬼城」、中国最大の珪化木《けいかぼく》園区—将軍ゴビ珪化木群が見られる。また、「塞外江南」と称される伊犁《いり》河谷の東にあるナラティ草原は「三面青山列翠屏、腰囲玉帯河縦横」（周りを障壁のような山で囲まれ、渓流が帯のように縦横に交錯する）と言われているように、独特の自然景観、悠久の歴史文化と濃厚な民族風情で独特な辺境の景色を作り出している。さらに、曲がりくねりながら流れる開都河もあれば、優雅で魅力的な白鳥湖もある。これらは新疆の豊富な自然観光資源となっている。

新疆の人文景観も豊かで、5000 キロメートルも伸びた古代シルクロード沿いには古城池、古烽燧、千仏洞、古建築、古屯田遺跡など数百の遺跡が残っており、それは世界で最も多い数で、最も完全に保存された城跡だとされている。そのため、これらの城跡は「世界古城博物館」と称されており、世間の人々を魅力している。現在、新疆には歴史的芸術と科学的研究の価値を持つ文化遺跡、古墳、建築、石窟寺院（千仏洞)、石刻および現代の記念建築物が計236箇所あり、そのうちの10箇所は国家重要文化財保護部門に指定されている。

トルファンは古代よりシルクロードの拠点として知られ、西域で重要な町の一つであった。面積は大きくないが、様々な宗教、様々な民族文明が融合しており、「世界で一番豊かな露天考古学博物館」とも言われる。この神秘的な地には世界最古の土造り城関連遺跡の交河故城《こうがこじょう》、高昌故城《こうしょうこじょう》もあれば、人類の知恵の結晶ともいえる、砂漠地帯で利用されてきた特殊な灌漑システム—カレーズもある。さらに、造形独特のイスラム教建築—蘇公塔、ウイグル人の仏教文化を伝える石窟寺院遺跡—ベゼクリク千仏洞、西遊記の舞台となった火焔山がある。

1. カナス湖

「カナス」はモンゴロ語で、「美しくて神秘的」という意味である。カナス湖には三つの奇観がある。一つ目は千メートルもある浮木長堤である。浮木長堤とは山の枯れ木がカナス湖の湖面に浮上し、水位の変化や強い谷風により起伏し、湖の北端に堆積した枯れ木の堤防のことである。二つ目は湖の中にいる幻の巨大「怪魚」である。「怪魚」はカナス湖畔で水を飲んでいる馬を湖の中に引きずり込むと言われており、カナス湖はより一層神秘感を増している。三つ目は雨がやんで空が晴れた時にしか見えない、雲海、仏光という珍しい光景である。カナス湖には観光、保護、そして科学研究という歴史文化的価値があるといえる。

2. 楼蘭古城《ろうらんこじょう》

「東洋のポンペイ」と呼ばれ、西域三十六国の一つである楼蘭国と鄯善《ぜんぜん》国の存在した場所であり、重要文化財が大量出土したことで知られている。楼蘭はかつて古代シルクロードの交通要衝であり、中原から西域への商売に行く通路でもあり、歴史的に非常に重要な意義がある。悠久の歴史と人々をうっとりさせる千夜一夜物語のような伝説、神秘的な消失に、また突然現れた歴史名城である楼蘭は、多くの旅行者と探検愛好者をシルクロードに引き寄せる大きな理由のひとつになっている。

（二）食文化

新疆の食文化での一番の特徴は少数民族文化、つまり清真《せいしん》料理（ムスリスの料理）である。清真は「汚れがない」ことを意味する。このような食習慣はイスラム教の規律に則ってできたもので、時代とともに少数民族の生活様式に不可欠な一部となってきている。新疆の料理は清真料理の特性があるだけでなく、中国西北地方の料理の味が濃いという特徴を持っている。食材には主に牛肉や羊肉を使用し、調理法は炒め、焼き、しゃぶしゃぶ、煮込み、蒸しなどいろいろで、味付けは辛口である。羊の丸焼き、大盤鶏《ダーパンジー》（鶏肉とジャガイモのスパイシー煮込み）、ゴシナン（ウイグル風ミートパイ）、つかみ羊肉（手づかみで食べる羊肉料理）などが新疆料理の代表として広く知られている。

1. 新疆の羊料理

新疆人が調理した羊肉は口当たりが滑らかで、臭みがなく、さっぱりしている。しかもその羊料理が多様である。中でもラムの串焼きは 1800 年以上の歴史を持ち、新疆の伝統的な軽食として中国各地に広がっている。焼き色がきれいにつき、クミンの独特な香りがするラムがやわらかくておいしい。羊の丸焼きは新疆の十大名料理の一つで、宴席に欠かせない料理とされている。また、つかみ羊肉は最も古く、独特な食べ方である。ほかにには、羊を材料とするスナックも多くある。米腸子《ミーチャンズ》（羊の腸にもち米を詰め込んでできた料理）と面肺子《ミェンフェーズ》（羊の肺に小麦粉を入れてできた料理）は代表的なもので、いずれも独特の風味があり、新疆民族にふさわしい逸品である。

2. 新疆大盤鶏

「大盤鶏」は清真軽食の中で会食方式という新しい食べ方で、ドドンと大皿に鶏肉などを盛りつけることから名付けられ、ここ 10 年で人気になってきた新しい新疆料理である。味付けは赤、白、緑、マゼンタの色で相まって飾り、人の目を楽しませる。甘辛くてピリッとした食感が魅力的で、鶏肉も柔らかくて口当たりがよい。さらに、肉と野菜の割合と組み合わせが自分の好みで調整できるのがこの料理の素晴らしさである。

3. ナン

新疆の主食の一つで、2000 年以上の歴史がある。ウイグル族はもともとナンを「アメッキ」と呼んでいたが、イスラム教が新疆に伝わってきてから「ナン」と呼ぶようになったという。ナンの生地はたいてい小麦粉で作られる。その生地を窯の壁に貼り付けて焼いてできる。ほとんどが丸い形をしている。一番大きいものは「アクナン」と言われ、真ん中が薄くて縁が少し厚く、真ん中に多くの模様が押し入れられており、直径が 40-50 センチもある。一番小さいナンはカップのような大きさで、「トカッチ」と言う。その厚さが約 1 センチで、最も作りが細かいナンと言える。ほかに、直径が約 10 センチで、厚さが 5-6 センチの穴が開いた「ギルダ」というナンもある。これはナンの中で一番厚いものである。ナンはデンプン質が多く含まれているため、窯で焼くとこんがりとした色になり、食べ応えがいい。消化しやすいため、特に胃病の治療に効果があるといわれる。